균형 잡힌 뇌

균형 잡힌 뇌

권택영 지음

인공지능 시대가 버거운 당신에게

글항아리

식자재 값이 너무 올라 엄마가 바구니를 들고 AI에게 물었다.
무슨 좋은 방법이 없겠느냐. AI가 즉시 답했다.
먹지 않으면 되지요, 나처럼.

 하나의 이야기를 시간이 흘러 다시 읽으면 전에 보이지 않던 부분
이 보인다. 사람도 그렇고 자연도 그렇고 영화도 그렇고 문학도 그렇
다. 나를 둘러싼 모든 세상이 그렇다. 그동안 쌓인 경험에 의해 안 보
이던 부분이 보인다. 뇌의 이중 구조 때문이다. 매 순간 흐르는 현실
에 대응하는 뉴런은 경험을 저장하고 업데이트하는 뉴런과 분리되어
있다. 회상, 감정, 판단 모두 분리된 저장 뉴런과 인출 뉴런이 서로 접
속할 때 일어난다. 시간을 따라 앞으로 나아가는 의식은 상부 피질
에 저장된 경험의 눈으로 현재를 파악하기에 과거를 회상할 때도 그

때 일이 아니라 지금까지의 경험의 눈을 바탕으로 한다. 현재 속의 과거다. 뇌과학에서는 해마와 전두엽의 접속으로 설명되기도 한다. 저금통장에서 돈이 들어오는 부분과 나가는 부분이 다른 칸으로 분리되고 서로 눈치를 보면서 접속하는 것과 비슷하다. 통장의 잔고란 떠올린 과거이고, 판단한 인지며 느낌이다. 따라서 저축을 적절히 해놓으면 경험이 풍부한 눈으로 대상을 보게 되어 판단의 오류가 준다.

오직 인간만이 시간을 느낀다. 시간을 따라가는 의식(해마)이 진화했기 때문이다. 지금 나를 사로잡는 사람도 시간이 흐르면 그리 집착하지 않게 되고, 지금 내가 미워하는 사람도 시간이 지나면 그리 힘들지 않게 느껴진다. 축적되는 경험의 눈으로 세상을 보기에 변치 않는 대상은 없고 변치 않는 나도 없다. 그러므로 나는 대상을 객관적으로 바라볼 수 없다. 나를 당기면 줄기에 달린 고구마처럼 대상이 함께 딸려 나온다. 나는 바라보는 대상, 둘러싸인 물질, 그리고 환경과 뗄 수 없는 관계 속의 존재인데 우리는 늘 그들을 객관적으로 본다고 착각한다. 예를 들면 너를 폭행하는 것은 나를 폭행하는 것이고, 환경을 파괴하는 것은 나를 파괴하는 것이다. 나무도 나를 바라보고 숲도 나를 바라본다.

관계 속의 만물은 무상하다. 생명이 있는 모든 것은 태어나면 언젠가 죽는다. 그러나 손목에 시계를 찬 동물은 오직 인간뿐이다. 시간 속에서 흐르는 존재, 나와 대상의 뗄 수 없는 관계. 그러므로 생각은 대상을 떠나서는 떠오르지 않는다. 이것을 다루는 철학이 현상학이다. 그래서 진화를 다루는 생물학, 다윈의 진화론에 바탕을 둔 제임스와 프로이트 심리학, 그리고 현상학은 아주 가까운 이웃들이다.

해마와 전두엽의 분리 및 상호 접속에 의해 대상을 보는 나의 시선은 끊임없이 흐르고 무상하다. 이 덧없음을 막는 장치는 없을까. 시간에 저항하는 영원한 사랑, 변치 않는 사랑을 할 수는 없을까. 나의 가까운 친구는 미국에 살 때 자신의 논문을 지도해준 고마운 분과의 마지막 식사에 대해 얘기해준 적이 있다. 그분은 멋진 레스토랑에 그녀를 초대해 정종을 한 모금 마시고는 잔을 씻어 그녀에게 내밀었다. 논문 통과를 축하하며 그가 말했다. "한국에서는 이렇게 한다지요?" 지금은 없어진 관습이지만 술잔을 돌리는 것을 어디에서 보거나 들은 것 같았다. 그녀는 헤어지면서 그분의 뒷모습을 한동안 응시했다. 다시는 못 보게 될 뒷모습을…… 큰 키에 약간 굽은 등, 늘 헐렁한 바지에 윗도리만 바꾸어 입던 분. 이상한 것은 그녀가 그 후 한 번도 자신이 공부했던 그 도시와 대학을 찾지 않았다는 것이다. 학회 일로 며칠, 혹은 연구로 몇 달씩 미국에 머물 때도 가지 않았다. 지도교수를 한국에 초청하지도 않았다. 세월이 많이 흐른 뒤 나는 그녀를 나무랐다. 어쩌면 그렇게 무심하냐, 고마운 분을 그렇게 대해도 되냐, 그곳이 그립고 제2의 고향이라는 네 말도 믿기지 않는다 등등. 그럴 때면 그녀는 대답 없이 나를 바라보았다.

생각은
흐른다

대만의 이안 감독이 만든 「브로크백 마운틴」을 6년쯤 지나 다시 보니 안 보이던 것이 보인다. '사랑이라는 감정을 저렇게도 표현할 수 있구나.' 이것이 나의 첫 감상이었다. 모든 감정을 허락하는 너그러운 자연, 그 속에서 경험한 원초적 감정과 그것을 금지하고 감시하는 법과 사회적 규율이 대조된다. 와이오밍은 미국에서도 아주 보수적인 지역이다. 남자끼리 동성애를 했다가는 마을 사람들에게 폭력을 당해 죽음에 이를 수도 있었다. 실제로 그런 일이 일어났다. 암묵적인 처벌과 규율이 존재하던 시골이었고 그런 시대였다. 사회가 인정하는 가족을 이루고 살면서도 잭과 에니스는 그 원초적 감정을 잊지 못한다. 오직 그 사랑을 인정해준 깊은 산속과 둘만의 시간을 잭은 늘 그리워했다. 잭은 마을의 외진 곳에 두 사람만의 보금자리를 마련하던 중 의문의 죽음을 맞는다. 소식을 듣고 그 집에 찾아간 에니스는 잭의 부모와 마주 앉는다. 그리고 가슴 아픈 마지막 장면이 나온다. 거의 20년 전, 두 사람이 방목을 하던 브로크백 마운틴 속 그 사랑의 흔적이었다. 둘이 부딪치며 남긴 자국, 에니스가 잃었다고 믿은 그 피 묻은 셔츠 안에 삐죽이 보이는 잭의 체크무늬 셔츠. 겹쳐진 옷을 옷장에서 발견하는 에니스의 아픈 마음이 고스란히 관객에게 전해진다. 단 하나의 소품으로 숨겨진 진실을 전달하는 미학적 장치, 이것이 바로 '공감'이라는 예술의 역할이다.

6년이 흐른 뒤 그 장면을 다시 보았다. 여전히 그 소품에 마음이 아프면서도 이번에는 다른 이야기가 돌아서려는 나의 발목을 잡는다. 예리하게 아팠던 예전의 감정은 시간에 의해 농도가 낮아지고 이번에는 다른 게 보인다. 에니스가 잭의 부모와 마주하는 장면, 그리고 이어서 딸과 대화하는 마지막 장면이다. 잭의 어머니는 브로크백 마운틴에 자신을 묻어달라는 죽은 아들의 유언을 에니스에게 전한다. 그러고는 에니스를 잭의 방으로 안내해 옷장을 열어볼 기회를 준다. 어머니는 잭과 에니스의 금지된 사랑에 공감하고 있었다. 그녀는 아들의 아픔을 추측했고 이해했으며 그런 아들을 사랑하고 있었다. 아버지는 다르다. 그의 마지막 대사는 잭을 브로크백 마운틴이 아니라 가족 묘지에 묻을 것이라는 단호한 말이었다. 가족이란 남녀가 결혼해 자식을 낳는 전통적 제도다. 아버지는 자연의 정서가 아니라 마을의 법과 질서를 따른다.

에니스는 아내와의 불행했던 결혼생활을 청산하고 트레일러에 혼자 살며 산에서 방목을 한다. 그러던 중 딸이 찾아와 결혼식에 와달라고 부탁한다. 딸을 위해 에니스는 자신의 일을 미루고 결혼식에 가기로 한다. 그렇다면 영화는 동성애 해방 못지않게 전통적 가족제도를 옹호하는 것인가. 동성애는 그 시절 와이오밍 마을 사람들의 억압된 무의식이지만 이해와 공감을 요구하는 사랑의 한 형식이기도 하다. 이안 감독은 이성애를 거부하지 않는다. 동성애는 가족에 뿌리내린 이성애와 공존한다. 아니 이성애가 있어야 동성애도 가능하다.

지난 6년간 나의 전두엽에 저장된 경험들은 이렇게 같은 영화를 다른 시각으로 보게 했다. 아들의 유언을 전달하는 어머니와 결혼식에 초대하는 딸은 엄격한 마을의 법과 아버지의 법을 따스하게 감싸는 또 다른 축이다. 무의식에 동참하면서도 의식을 인정하는 공감 Empathy이다. 뇌과학자들 중에는 여성이 남성보다 우측 뇌가 조금 더 발달한다고 말하는 이들이 있다. 우측 전두엽은 왼편의 몸, 특히 왼손과 연결된다.

우리 뇌의 우반구는 공감하는 뇌다. 물론 논리를 이끄는 좌반구의 역할도 중요하다. 그러나 우반구가 약하면 전체를 못 본다. 뇌의 하부가 없으면 상부가 기능하지 못하는 것과 같다. 균형은 이처럼 중요하다. 서사 예술(이야기 혹은 내러티브)은 논리와 기술 문명에 치우친 우리 뇌에 균형을 선물한다. 기술을 자랑하는 좌반구는 문학을 사랑하는 우반구의 균형을 요구한다. 심리학과 정신분석, 그리고 뇌과학이 주장하는 공감은 이미 옛날부터 문학이 해온 역할이었다. 그리스 시대에도 극은 의식이 금지한 무의식을 경험하는 미학적 장치였다. 의식은 시간을 따라가며 현실에 대응하느라 바쁘지만, 무의식은 그 뒤에서 숨겨진 진실을 틈틈이 드러낸다. 천천히 가라, 돌아서 가라, 조금 절뚝거려도 괜찮아……. 만일 현실이 기술과학만을 고집한다면 뇌는 균형을 잃을 것이다. 이것이 예술가와 인문학자들이 무의식에 주목하라고 거듭 말하는 이유다.

그러던 어느 날 문득 떠올랐다. 친구가 말없이 나를 바라보던 것은 무심함과 냉정함 때문이 아니었다. 친구는 시간의 간섭에서 벗어나 그녀만의 순수한 감정을 지키고 싶었던 것이다. 다시 지도교수를 찾아가면 늙어가는 모습이 앞의 기억을 지울 것이고 그 학교는 그 후 개축하고 증축해 예전의 캠퍼스가 아닐 것이다. 그가 살았던 아주 오래된 아파트에는 새 건물이 들어섰을지도 모른다. 그 순수하고 아름다운 사랑은 맑은 가을 하늘과 지독하게 외로웠던 장소와 지독하게 두려웠던 시간을 떠나서는 존재할 수 없는 감정이었다. 브로크백 마운틴이라는 장소와 둘만의 시간이 지워지지 않는 사랑을 선물했듯이. 그런 사랑은 마을이라는 장소와 보수적인 사람들의 시간에서는 이루어질 수 없는 사랑, 아니, 잿빛 증오였다.

앞선 경험 위에 덧칠되지 않는 새로운 경험이란 없고 시간과 장소의 영향을 받지 않는 감정이란 없다. 의식(해마)은 새로운 경험을 받아들여 지체 없이 상부 피질(주로 전두엽)에 전달하고 상부 피질은 새로운 경험을 수용하면서 앞엣것을 얼룩덜룩하게 만든다.

그런데 정말 그랬을까? 그녀의 감정에 대한 지금의 내 추측이 맞을까? 언젠가는 이런 내 해석도 얼룩덜룩해질지 모른다. 그래도 일단 안심이다. 적어도 나는 그녀에게 공감하기 때문이다. 비록 추측이지만 내 입장에서 그녀의 감정을 느껴보고 그녀를 이해했기 때문이다. 공감은 무의식과 의식, 뇌의 하부와 상부, 전두엽의 우와 좌가 균형을 취하는 것이다. 잠깐, 순서가 이상한데요? 의식과 무의식, 상부와 하부, 좌와 우 아닌가요? 아닙니다. 저는 지금 뇌가 진화해온 순서대로 쓰고 있는데요. '하상우좌'입니다.

뇌가
균형을 잃으면?

지금까지 나는 사회적 동물로서 뇌를 진화의 순서가 아닌 의식의 순서로 표기하고 그것에 익숙해져왔다. 상하좌우가 아니라 하상우좌가 뇌가 진화해온 순서라니, 그럴 수가? 주인과 객이 뒤바뀐 것은 계몽주의 이래 의식이 주인 노릇을 해왔기 때문이다. 마치 무의식이 없는 듯 생각하고 행동하니 세상살이가 힘든 게 당연하다. 나의 뇌는 무의식이 먼저 자리 잡고 의식이 진화한 것을 거의 잊을 정도로 의식의 지배를 받아왔다. 사회, 법, 유행, 그리고 기술 문명이라는 객이 빠르게 발전해갈수록 집주인은 균형을 잃고 어지러워진다. "나는 생각한다, 고로 존재한다"라고 계몽주의의 대부 데카르트는 말했다. 그 명제를 많은 철학자, 심리학자, 정신분석가, 예술가가 "나는 생각하지 않는 곳에서 존재한다" 혹은 "나는 몸으로 생각한다"로 뒤집었다. 그러나 뇌는 의식 뒤에 자리 잡은 거대한 주인을 몰라보고 그 말을 모호하게 받아들인다. 그리고 한밤에 그 퍼즐에 빠지면 잠을 잊어버린다.

불면증과 우울증은 짝이다. 잠을 못 자면 우울해지고 우울하면 잠이 오지 않는다. 서울 시내 곳곳에는 밤에도 불이 환히 켜져 있고 최근에는 횡단보도 밑바닥에도 붉은색, 초록색 불이 켜진다. 발바닥에서 불이 번쩍이니 뇌가 어지럽다. 밤이 밤 같지 않으니 잠이 오지 않고 잠들지 않으니 생각의 늪에 빠진다. 뇌가 쉬지를 못한다. 10년 전만 해도 대학병원 정신의학과는 선뜻 발길이 가지 않는 곳이었다. 제정신이 아닌가보군, 이라고 누군가 말할 것 같아서다. 요즘은 만원이다. 의사의 진료를 받으려면 반년 이상 기다려야 한다. 대부분이 우울증, 불면증, 불안, 분노 조절 장애고 신경증, 강박증, 혹은 조현병으로 병원을 찾는 사람도 적지 않다. 호르몬의 균형이나 항상성이 깨진 경우도 많다. 왜 최근에 불안과 불면에 시달리는 사람이 더 많아졌을까.

생존 경쟁이 치열하고 인터넷에 중독되고 취직이 안 되고 지구가 뜨거워지고 환경이 오염되는 등 나를 둘러싼 환경이 불안하니 내가 불안하다. 나를 둘러싼 환경, 시간과 장소를 떠나 나는 존재하지 않기 때문이다. 학교폭력이 늘고 미래가 불확실하니 독신주의가 따라서 늘고 아이를 갖지 않으려는 젊은이들이 늘어난다. 물질적으로 풍요로워지고 기술이 발달하면 더 행복해져야 하는데 왜 정신 질환이 늘어나는가. 인천 공항 위층 식당에서는 로봇이 식사를 날라다준다. 로봇이 도와주는데도 우린 여전히, 아니 전보다 더 바쁘다. 인터넷 속도가 느리면 참지 못한다. 아무리 빨라도 전보다 느리면 느린 것이다. 시간을 따라가는 해마는 열심히 인터넷의 속도를 따라간다. 그러니 기술이 발달할수록 나는 더 바빠진다.

자려고 애를 쓸수록 정신이 더 말똥말똥해지는 한밤중에 텔레비전을 켠다. 불안을 잠재우는 프로그램이 나와주기를 바라면서 채널을 돌린다. 「배트맨 비긴스」가 나오고 있다. 한번 볼까, 유명하던데. '다크 나이트' 시리즈를 낳은 이 영화는 2005년 작품이다. 어릴 적 부모의 죽음을 목격한 브루스 웨인은 무술을 배워 박쥐 모양으로 하늘을 나는 기술을 익힌다. 배트맨이 된 그는 악당을 뒤쫓지만, 무능한 경찰은 그를 뒤쫓는다. 쫓고 쫓기는 복수극, 선과 악의 대결, 연인을 향한 변치 않는 사랑……. 익숙한 주제다. 차이점은 넘치는 기술과 장면들의 빠른 교체다. 기술이 발달할수록 모든 것의 속도가 빨라진다. 느린 것은 죄다. 마치 속도를 늦추면 관객이 도망갈 것이라는 강박증에 걸린 것 같다.

나는 열심히 배트맨을 쫓아가느라 바쁘다. 악당을 쫓는 배트맨, 배트맨을 뒤쫓는 경찰, 그리고 그들을 쫓아가려는 나. 해마는 줄거리를 엮느라 정신이 없다. 잠깐 한눈팔면 이야기를 놓친다. 나무가 가지를 뻗듯 여기저기 서브플롯들이 얽혀 있고 주인공이 하늘과 땅 사이를 오가니 내용을 추리기 힘들다.

그들 뒤를 한참 뒤쫓다보니 잠이 몽땅 달아나고 눈이 더 말똥말똥 해졌다. 그래서 조금 화가 난다. 이건 영화가 아니라 만화 아니야? 주제가 너무 단순하잖아? 요즘 세대는 이렇게 단순하고 숨찬 폭력성에 끌리는구나. 인간적인, 너무나 인간적인 숨겨진 마음은 싫어하나보다. 좀 느리게 가면 안 되나. 문득 1950년대 초의 서부극 「셰인Shane」이 그리워진다. 그 영화를 보고 나면 뜨끈한 설렁탕을 한 그릇 먹은 듯 마음이 든든해지고 곧 잠이 들었다. 똑같이 악을 응징하는 영화다. 하나는 잠을 쫓아내고 다른 하나는 잠으로 인도한다. 무엇이 다를까. 속도다. 빠른 속도는 뇌의 균형을 위협한다. 몸이 항상성을 요구하듯 뇌는 적절한 속도를 요구한다.

「셰인」은 1953년의 서부극으로 앨런 래드라는 인상적인 배우가 주인공이다. 인상적인 이유는 서부극의 총잡이지만 키가 작은데(기록상으로는 164센티미터) 키 큰 게리 쿠퍼보다 더 매력 있기 때문이다. 1890년대 초여름 미국 와이오밍주의 대평원에 물이 흐르고 소박한 통나무집이 보인다. 말을 탄 남자 하나가 통나무집 앞에 멈춘다. 단정한 용모와 온화한 눈매, 단단한 몸체, 그리고 어딘지 모르게 우수가 깃든 표정의 그는 집주인 조 스트레트와 대화를 나눈다. 서부 개척법에 따라 동부에서 이주해 온 개척민들은 4년간 개척에 성공하면 땅을 소유하게 되어 있었다. 조의 주변에는 개척민들이 띄엄띄엄 살고 있었다. 그런 그들을 불안하게 만드는 악인이 나타난다. 과거에 그 땅에서 목축업을 했던 라이커다. 그는 이주민들을 쫓아내고 다시 땅을 소유하기 위해 여러 수단으로 협박했다. 이런 상황에서 조는 방랑인 셰인에게 잠시 머물기를 청한다. 호기심 많은 소년 조이와 성실한 아내 메리언도 은근히 그를 좋아한다. 외롭고 두려우니까.

조의 집에서 조금 떨어진 곳에는 작은 점포가 딸린 술집이 있었는데, 마을 사람들은 거기서 옷가지와 먹을거리 등을 사곤 했다. 라이커 일당은 그 술집에 상주하며 마을 사람들을 괴롭히고 겁주었다. 조의 가족과 셰인은 라이커 일당의 시비를 일단 참는다. 그러나 한계를 넘어서면 실력을 보여준다. 다시 갔을 때 더 심한 모욕을 참지 못한 셰인은 주먹을 날리고, 그 대가로 그들에게 집단 구타를 당한다.

라이커는 빠르기로 소문난 쌍권총잡이 잭 윌슨을 고용해 혼자 온 마을 사람을 죽인다. 겁주기 위해서다. 마을 사람들은 땅을 포기하고 떠나려 한다. 마을의 이장 격인 조가 그와 한판 붙겠다고 나서지만, 셰인은 조를 때려눕혀 가지 못하게 막는다. 그만큼 윌슨은 악명 높았다. 셰인은 그 바닥을 손금 보듯이 훤히 알았다. 그는 혼자서 그들과 대적하러 떠나고, 조이는 뒤를 쫓아가 문틈으로 그들의 결투 장면을 엿본다. 과연 혼자서 여러 명의 악당과 맞붙을 셈인가. 윌슨보다 빠를까. 윌슨보다 한 수 위인 셰인의 총 솜씨는 조이를 놀라게 한다. 실제로 앨런 래드의 총 솜씨는 기네스북에 올라 있는데, 허리에 찬 권총을 빼서 상대를 쏘고 다시 총집에 넣는 데 0.3초 걸렸다고 전해진다.

조이의 경고로 매복해 있던 마지막 악당 한 명까지 죽이고 셰인은 자리를 뜬다. 이제 더 이상 마을 사람들을 괴롭힐 악당은 없으며, 사람을 죽인 자신은 이곳에 머무를 수 없다고 말하고는 홀연히 왔던 길로 돌아선다. 마리안과 조, 조이의 행복을 위해 말을 재촉하는 그의 등 뒤로 "돌아와요, 셰인" 소리치는 조이의 음성이 평원에 울리는 메아리가 된다.

이 영화를 보면 기분이 좋다. "기분이 좋은 것이 도덕"이라고 말한 헤밍웨이가 떠오른다. 불의가 날뛰는 모습을 참고 참다가 때가 되었을 때 혼자 당당히 맞서는 용기, 그리고 결코 과시하지 않는 실력. 이에 비해 윌슨은 오만하고 과시적이며 악에 고용된 실력자다. 셰인의 용기는 남이 아닌 자신에게 보이는 용기다. 그리고 그것이 악을 응징하고 선을 위하는 사회적 용기가 된다. 자존감이란 무엇인가. 자신에게 보이는 용기다. 남에게 보이는 용기, 부풀린 용기는 허세가 되고 이용당하기 쉽다. 말 위에 올라탄 셰인의 꼿꼿한 자세, 그 아래 짧은 다리는 전혀 손색없다. 키 작다고 주눅들지도 말고 키 작다고 무시하지도 마라. 그의 용기, 실력, 자존감은 나를 편안한 잠으로 이끈다. 셰인의 총 쏘는 실력은 빨라도 전체 이야기가 진행되는 속도는 느리다. 그 속도는 오염되지 않은 대평원의 물을 닮았다.

배트맨과 셰인 중 누가 더 멋있을까. 속도와 기술 문명은 돌이킬 수 없는 대세다. 더 좋은 집, 더 좋은 옷을 갈망하듯 우리는 더 빠르고 더 편한 삶을 원한다. 그런데 왜 우리는 행복하지 않고 불면증과 우울증에 시달릴까? 왜 더 바쁘고 시간에 쫓길까? 악당을 쫓는 배트맨, 배트맨을 쫓는 경찰, 그들을 뒤쫓는 나는 얼마나 바쁜가. 배트맨보다 내가 더 바쁘다. 이런 갈망의 속도는 누그러뜨리는 예술이 없으면 위험하다. 뇌의 균형을 깨뜨리고 갖은 질병을 부른다. 경쟁에서 오는 스트레스, 불면증, 우울증, 사이코패스, 분노 조절 장애, 신경증,

조현병 등은 모두 뇌 하부와 상부의, 전두엽 좌와 우의 균형과 소통이 깨질 때 나타난다. 심리학, 현상학, 뇌과학은 무의식, 물질성, 변연계 하부, 그리고 우반구를 무시하지 말라고 말한다. 인간이 동물로부터 진화했음을 밝힌 생물학은 그렇기에 심리학과 뇌과학의 바탕이 된다. 진화에서 바로 그 부분들이 먼저 존재하고 있었기 때문이다. 배트맨의 속도는 셰인으로 균형을 이루어야 한다. 양이 의식이라면 음은 무의식이다. 이런 의미에서 동양의 도道 사상은 윤리적 진화론이다. 자연의 사계절이 음과 양의 균형에 의해 순환하듯 욕망은 지름길이 아니라 돌아서 가는 길Detouring이다. 그러니 인위적으로 어느 한쪽을 밀어붙이지 말라는 도 사상의 무위無爲는 건강한 뇌의 윤리이기도 하다.

왼손으로
악수합시다

오른손은 '옳다right'라는 뜻을 지닌다. 예전에는 자녀가 왼손으로 밥을 먹거나 글을 쓰면 부모가 이거 일 났군, 하면서 고쳐주려고 애썼다. 오른손은 뇌의 좌반구에서 조종하고 왼손은 우반구에서 조종하는데 우반구가 먼저 있었으니 왼손이 주인이다. 왼손이 주인이고 오른손이 객인데 계몽주의 이후 문명은 합리주의, 논리, 기술을 강조해 오른쪽을 중시했다. 그러나 왼손은 마음의 근원이다. 정서와 감정의 근원이다. 미국의 천재 기타리스트 지미 헨드릭스는 왼손잡이였다. "왼손으로 악수합시다. 그쪽이 내 심장에 더 가까우니까"라는 그의 말은 진리였다. 본문에서 자세히 밝히겠지만 그의 말은 진화론적이고 뇌과학적이다. 그런 예는 또 있다. 2010년대 일본의 바둑 일인자였던 이야마 유타 구단은 오른손잡이지만 바둑은 늘 왼손으로 두었다. 어린 시절 그에게 바둑을 가르쳐준 할아버지가 "왼손을 사용하면 뇌에 좋다"라고 말했기 때문이다. 그 밖에도 아리스토텔레스, 피카소, 다빈치, 미켈란젤로, 괴테, 라파엘로, 베토벤, 처칠, 나폴레옹, 간디, 니체, 아인슈타인, 빌 게이츠, 오바마 등 우리에게 잘 알려진 인물들 가운데 왼손잡이가 많은 것은, 그곳이 심장에 더 가깝고 상상력의 원천이 되기 때문이다.

이 책은
무엇을 밝히려는가

우리는 몸의 건강을 위해 균형 잡힌 식단이 중요하다는 이야기를 많이 듣는다. 그러나 균형 잡힌 뇌에 관해서는 잘 듣지 못한다. 이 책은 균형 잡힌 뇌가 왜 행복에 중요한 영향을 미치는지 밝히는 글이다.

심리학, 현상학, 문학, 뇌과학은 서로 통한다. 모두 '두 개이면서 하나'라는 원리에서 작용하기 때문이다. 이른바 '이원적 일원론Dual-aspect Monism'이 내 마음의 행로이자 뇌의 구조다. 진화로 뇌의 하부 위에 상부가 발달했지만 이 둘은 하나가 되어 서로 소통하고 왕래한다. 우리의 기억, 감정, 공감도 이 구조에 의해 일어난다. 이것이 우리 삶이 복잡한 이유다. 공부하기 싫고 일하기 싫다. 그래서 놀면, 또 노는 것을 스스로 참지 못한다. 이럴 거면 왜 사느냐고 묻는다. 그뿐인가. 금지된 사람을 사랑하고 허상임을 알면서도 단념하지 않는다. 먹지 말라는 음식은 더 먹고 싶고, 하지 말라는 일은 더 하고 싶다. 너무 쉽게 읽히는 책, 뻔히 아는 원칙과 사실만 나열한 책은 의식으로는 반기면서 몸으로는 밀쳐낸다. 의식과 반대로 나가는 것이 무의식이기 때문이다.

의식이 금지하는 순간 무의식의 힘은 솟구친다. 일원적 이원론으로 구조된 뇌는 진통제가 아닌 치료제를 원한다. 물론 완치되는 약은 없다. 프로이트의 죽음충동, 하이데거의 흙, 라캉의 실재계는 우리 몸의 근원이 죽음이고 흙이기에 결코 완결을 원치 않는다고 말한다. 따라서 쉽게 읽히는 책, 한자리에서 처음부터 끝까지 읽을 수 있는 책이 아니면 책도 아니라고 말하지 말자. 알쏭달쏭한 게 삶인데 쉬운 해결책을 제시한 책, 요점만 나열한 책, 사는 방법을 알려주는 책들은 빠르게 읽히지만 생각할 시간을 주지 않는다. '이게 무슨 얘기지?' 하며 읽다가 접어두고 밥 먹고 다시 읽다가 스르르 잠에 빠져드는 책, 처음에는 무슨 얘기인지 잘 모르다가 어느 순간부터 긴장되는 책, 해답을 뒤로 미루는 책, 그래서 조금씩 읽어가다가 덮어두고 반년 후에 다시 집어드는 그런 책. 몇 년이 흐른 뒤 다시 읽고 싶어지는 책이 고전이다. 고전은 뒤엎어지는 책이다. 나의 인내심을 실험하고 단련시키는 책이다. 나의 경험이 늘어날수록 책을 풍요롭게 이해하게 되는 책이다.

이 책은 그런 책으로부터 시작한다. 프로이트는 심리학으로 뇌에 대해 말한다. 윌리엄 제임스의 저서 『심리학의 원리』는 어떻게 유럽 현상학의 원조가 되는가? 이들은 어떻게 최근 뇌과학의 선구자가 되었나? 그리고 아리스토텔레스의 고전인 『시학』은 어떻게 뇌과학인가?

이원적 일원론은 균형을 중시한다. 어느 한쪽으로 치우치면 항상성이 깨진다. 뇌의 균형은 문과와 이과의 균형이요, 예술과 기술의 균형이다. 이 책은 상하좌우에 익숙한 우리에게 하상우좌가 주인임을 일깨울 것이다. 이원적 일원론은 음양의 순환과 같아 돌아가기이며 기억, 감정, 인지, 공감이 모두 이 원리를 따른다는 것을 밝힐 것이다. 이것이 인공지능과 우리가 다른 점이다. 항상성은 살아 있는 몸에서만 일어나기 때문이다.

마음의 안정과 행복감은 어디에서 오는가. 단 하나의 가치를 향해 경쟁하는 줄 세우기 문화는 우리의 불안을 키운다. 반드시 그 줄 안으로 들어가야 한다는 강박증을 키운다. 줄 세우기 문화에서 벗어나야만 다양한 삶의 가치를 긍정할 수 있고 마음이 평화로워진다.

인문학과 예술이 기술과학에 밀려나면 어떤 결과를 맞을까. 인간이 AI에 밀려난다. 균형은 정신 질환의 치유와 예방뿐 아니라 AI의 이로운 사용을 위해서도 필요하다.

차례

1장
뇌는 하부에서 상부로 진화했다

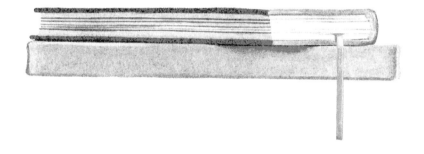

요즘 기억이 흐려지거나 일부 사라지는 뇌 질환이 많아졌다. 옛날에는 망령이 든다는 표현을 썼다. 잊을 망忘, 망각의 혼이 몸 안에 들어서는 것으로 주로 죽음을 앞둔 노인에게 오는 병이었다. 요즘은 중년의 나이에도 발병하곤 한다. 자신이 누구인지, 평생 함께 살아온 가족들이 누구인지 알 수 없게 된다니 마치 삶이 사라져버리는 것과 같다. 평생 저축한 경험의 잔고가 한순간에 날아가버린다. 기억이란 한 인간이 타인과의 관계 속에서 살았던 삶 전체를 의미하기 때문이다.

치매를 소재로 한 작품 가운데 조금씩 기억을 잃어가는 과정을 세심하게 다룬 것으로 「내일의 기억」이라는 일본 영화가 있다. 중년의 평범한 회사원인 주인공 사에키는 어느 날 사람들의 이름을 잊고 약속을 잊는다. 길을 찾지 못하고 방금 한 일을 잊는다. 먼저 장소와 시간을 잊고, 다음에 자신이 누구인지를 잊어간다. 그러고는 단순 건망증이 아니라 알츠하이머병이라는 진단을 받고 회사를 그만둔다. 그 다음 증상은 착각이었다. 그 뒤로는 망상과 환상을 겪고, 마침내 가장 가까이에서 살아온 아내가 누구인지 모르게 된다. 그는 계획되고, 이유 있고, 의도적인 행동을 하지 못한다. 그런 의도성은 뇌의 상부인 (전)전두엽이 건전할 때 작동하기 때문이다. 뇌의 상부가 고장 난 그의 행동은 본능적이고 무의식적이다.

병세가 아주 깊어졌을 때, 그는 무의식이 이끄는 대로 숲속으로 향한다. 아내와 처음 만나 사랑을 고백했던 도예 교실이 있던 곳이다. 그의 기억만큼이나 폐허가 된 그곳에서 사에키는 옛 스승을 만나 함께 도자기를 굽는다. 환각에서 깨어났을 때, 그는 식어버린 불섶에서 찻잔을 꺼내 들고 산을 내려온다. 찻잔 하나를 달랑 들고 걷다가 그곳을 찾던 아내와 마주친다. 그에게는 낯모르는 길손일 뿐이었다. 방금 구운 찻잔을 쥐고 낯선 여인(아내)과 함께 걷는 마지막 장면은 관객을 울린다. 아내를 모르면서도 진실을 보여주기 때문이다. 언어를 쓰는 뇌의 상부(해마와 전두엽)가 파괴되고 뇌의 하부가 사랑을 전했다. 그것은 말보다 더 강력했다. 말이 아니라 습관으로 진실이 드러나기에 마음이 아프다. 여기에서 찻잔을 사랑의 은유로 읽을 수 있는 건 관객이나 아내뿐이다. 사에키에게는 은유의 능력이 없다. 아내로부터 너무 가까이에 있어 그 얼굴을 알아볼 수가 없기 때문이다. 찻잔은 인간의 언어가 아니라 자연의 언어였다.

은유는 진화의 첫 단계다. 뇌의 하부는 외부 자극에 대한 몸의 반응으로 감정Emotion을 일으킨다. 그리고 그 감정은 전두엽에 느낌Feeling으로 전달된다. 이때 의식은 뇌의 상부 피질에 저장된 경험의 눈으로 감정을 해석하고 느낀다. 슬프게도 우리는 동물로부터 떨어져 나와 뇌의 하부에 직접 접근하지 못한다. 상부에 새겨진 경험의 눈으로 감정을 파악하기에 감정은 잉여를 남기고 의식에 의해 느낌으로 올라온다. 느낌은 은유이자 이미지다. 시간과 장소에 의해 경험이 깊어지고 판단도 깊어진다. 사실 사물이나 세상을 인식하는 인지 기능은 느낌과 크게 다르지 않다. 한때 그토록 사랑했던 감정이 시간이 지나 변하는 것은 우리가 연인을 실제가 아닌 이미지로, 은유로 읽어내기 때문이다.

아내와 관객은 찻잔의 의미를 안다. 독서와 교육, 그리고 개인의 경험을 통해 왜 그가 숲속에 왔는지, 왜 찻잔을 쥐고 있는지 이해한다. 그러나 은유의 기능을 상실한 사에키는 길을 잃고 아내를 잊고 자신을 잊었다. 찻잔의 의미를 모른다. 대신 몸에 새겨진 기억의 흔적Memory-traces을 드러낼 뿐이다. 인간을 제외한 다른 동물들에게는 은유의 기능이 없다. 그들에게 언어와 문화가 없는 것과 같다.

사에키의 언어는 벌의 언어도 아니었다. 오스트리아의 동물학자 카를 폰 프리슈는 오랫동안 꿀벌을 곁에 두고 관찰했다. 그 뒤 꿀벌의 언어를 발표하고, 1973년 노벨생리의학상을 수상한다. 꿀벌은 자신이 발견한 꽃가루를 동료 벌들에게 몸짓으로 가르쳐준다. 꿀이 든 꽃가루가 100미터 안에 있을 때는 좁은 원형 춤을 추고 100미터 밖에 있을 때는 8자 춤을 춘다. 그런 식으로 꿀의 위치, 이동 경로, 꽃가루의 종류 등을 동료들에게 알려준다. 최근 연구에 따르면 벌은 1528개 동작으로 정보를 교환한다고 한다. 상부 피질이 진화한 인간은 이미지를 만들고 은유를 만들기에 통사론적 언어를 사용해 타인과 소통한다. 문법의 규칙으로 기록을 할 수 있고 역사와 문화를 창조할 수 있으며 이를 국경 넘어, 밤에도 전달할 수 있다.

동물들은 생명을 유지하기 위해 배움을 몸에 새긴다. 우리가 걷고 먹고 수영하는 법을 배우듯 사자는 달리는 법, 독수리는 나는 법을 배우며 포식자를 피하는 법을 배운다. 불안이라는 감정을 심어 늘 위협에 대비한다. 가장 위대한 포식자는 무엇일까. 죽음이다. 죽음의 공포는 오직 상부 피질이 발달한 인간만이 갖는 공포다. 동물들은 시간을 의식하지 못하기에 죽음이라는 미래를 모른다. 과거를 회상하고 후회하거나 미래를 위해 오늘을 희생하지 않는다. 그걸 어떻게 아는가? 그들은 시계를 차지 않기 때문이다. 본능적으로 적을 방어할 뿐 언젠가 죽는다는 사실을 모른다. 인간만이 자신이 언젠가 죽는다는 사실을 인지하며 산다. 진화는 이처럼 대가를 요구한다.

은유는 자연에 속하면서 동시에 사회에 속하는 인간의 자의식이 시작되는 지점이다. 자의식과 시간 개념은 무의식 위에 지어진 의식이라는 이층집에서 태어난다. 온갖 복잡한 개념과 오해와 착각이 바로 이 이중 구조에서 온다. 위층에 올라간 객이 주인 행세를 하면서 아래층이 없는 듯 행동하기 때문이다. 예를 들어 자연환경은 나의 일부이며, 환경을 오염하는 것이 나를 오염하는 일이다. 하지만 의식은 이를 알은체하지 않는다. 의식은 바쁘다. 바람처럼 지나가는 현실에 그때그때 적절히 대응해야 하고 오늘보다 더 나은 내일을 위해야 하기 때문이다.

「브로크백 마운틴」에서 높은 산에 둘러싸인 숲속 외로운 두 사람의 시간은 본능적이고 원초적인 감각을 가르친다. 몸에 새겨진 그 기억에는 사회적인 질서와 법을 가로막는 강렬한 힘이 있다. 사회적 기억 아래 무의식적 기억이 묻혀 있다. 이 원초적인 몸의 기억에 의해 치매 환자는 아내가 누구인지는 몰라도 걷고 음식을 먹고 물을 마실 수 있다. 뇌의 상부 피질과 전전두엽은 중앙부의 해마와 함께 우리를 사회적 인간, 혼돈에서 질서를 창조하는 인간으로 만든다. 반면 뇌의 하부는 물질, 몸, 습관, 본능, 무의식이 거주하는 원초적 숲이다. 이 밀림이 상부보다 강하다. 감각이 이성보다 강하다. 맛과 촉각과 냄새가 듣고 생각하는 것보다 더 강하고 오래 남는 이유는 아래층이 진화 이전의 고향이고 동물성을 간직한 곳이기 때문이다. 사에키가 떠나온 곳은 위층이었다. 벌은 아래층에서만 살기에 몸짓으로 소통하지만 사에키에게는 위층이 있었고 그곳이 무너지며 아래층의 흔적 위에 서 있었다. 뇌과학자 안토니오 다마지오가 말하듯, 뇌 하부를 대표하는 뇌간은 무의식적 행동으로만 드러난다.

왜 예술가나 천재 중에는 정신 질환을 앓는 사람이 많을까. 평범한 사람들과 달리 아래층으로 쉽게 내려갈 수 있기 때문이다. 계단이 딱딱하지 않고 흐물거린다고 해야 할까. 아래층을 뚫고 나오는 힘이 위층의 법보다 더 강할 때 독창성이 나타난다. 우리는 사회의 질서와 법을 어기는 인물에게서 쾌락을 느끼고 예술은 그 힘을 드러내어 독자를 감동시킨다. 고흐의 그림이 보여주듯 우리는 사물들 속에서 용암처럼 꿈틀거리는 무의식에 매혹된다.

뇌는 어떻게
진화했나

데브 팻나이크는 뇌의 구조를 사과에 비유한 적이 있다(Patnaik, 2009). 반으로 갈라 접시 위에 올려놓은 사과를 상상해보자. 맨 아래 사과 씨는 뇌의 핵심이다. 척수의 끝부분이 오랜 시간에 걸쳐 점차 뇌의 핵심으로 진화한 것이다. 뱀, 이구아나, 악어 등 파충류의 뇌는 이것이 전부다. 인간의 뇌간에 해당되는 변연계 아랫부분이다. 시각, 촉각, 통증, 균형감각, 온도 등 가장 기본적인 감각에서부터 정보 수집, 혈액순환과 호흡, 식욕과 성욕, 공포 등 원시적인 생명 유지 기능을 갖는다. 윤리와 도덕의식이 없기에 이기적이고 타자에 대한 배려가 없어 자식을 잡아먹기도 한다.

다음 단계는 사과의 달콤한 과육 부분으로 포유류의 뇌다. 사과 껍질과 사과 씨의 중간에 있으며 인간의 뇌에서는 변연계에 해당된다. 감정을 담당하는 편도체, 기억을 담당하는 해마, 의식의 중추인 선조체 등 뇌의 중앙행정부 격이다. 인간이 과거를 회상하고 문화를 창조하며 타인에게 공감할 수 있는 것은 이 부분이 있기 때문이다. 오랑우탄, 개, 소, 말, 등 포유류는 이 부분까지 진화했기에 인간의 뇌보다 한 단계 낮다. 개가 반려동물이 되는 이유도 변연계가 있기 때문이다. 개는 인간의 의도를 파악하고 삶을 나눌 수 있으며 충성심이 강하다. 사과에 달콤한 과육이 없으면 과일로서 의미가 없듯이 변연계는 뇌의 하부와 상부를 연계한다. 가장 힘들고 활동을 많이 하기에 나이 들면 가장 먼저 흰머리가 생기는 부분이기도 하다.

프로이트는 『에고와 이드』에서 이 부분의 어려움을 야생의 말을 타고 목적지를 향해 가는 기수의 어려움에 비유하기도 했다.

진화의 마지막 단계는 사과 껍질인 신피질이다. 이마의 앞부분인 전두엽, 두정엽 등은 오직 인간만이 신피질로 진화시켰다. 이 부분들은 좌뇌와 비슷하게 논리적이고 분석적이며 합리적 사유를 담당한다. 예절, 고급 문화, 기술 문명 등 높은 수준의 사고를 한다. 인간의 신피질은 아주 두꺼워 뇌의 80퍼센트를 차지한다. 이에 비해 쥐의 신피질은 아주 얇다. 신피질은 몸의 기억과 의식의 기억(회상), 인지와 판단을 가능케 하는 여러 층의 구조로 구성된다. 언어와 문자를 담당하는 브로카 영역, 공감을 담당하는 거울 뉴런도 이 부분에 있다. 이 부분은 변연계에 의해 뇌의 하부인 무의식과 연결된다. 삶의 계획을 세우고 타인과 논쟁하는 복잡한 지적 수행에도 하부는 슬며시 상부에 개입한다. 사과 씨가 없으면 과육이나 껍질도 없듯 하부 없이는 상부도 존재하지 않기에 프로이트는 그토록 무의식이 있다고 역설한 것이다.

만약 사과의 과육보다 껍질이 두꺼우면 우리는 그걸 맛있게 먹지 못한다. 인간은 껍질이 두꺼워서 포식자를 피했지만 그 대신 사랑과 증오의 복잡한 갈등을 품고 살게 된다. 다마지오 역시 그의 책 『자아가 마음이 되다Self Comes to Mind』에서 뇌의 진화를 3단계로 보았다. 제일 아랫부분인 뇌간이 '원초적 자아Proto Self'로 쾌감과 불쾌감이라는 태초의 정서를 담당한다. 사과에 비유할 때 사과 씨에 해당되는 파충류의 뇌다. 그다음 단계가 중간에 위치한 '핵심 자아Core Self'다. 사과의 과육에 해당되는 포유류의 뇌. 그리고 가장 최근에 진화한 상부 피질이 '자서전적 자아the Autobiographical Self'다. 왜 자서전적 자아인가. 오직 인간만이 지나간 날들을 회상하는 이차적 기억을 갖기 때문이다.

쇼펜하우어는 그의 책 『의지와 표상으로서의 세계』에서 우리는 대자연이나 사물을 그대로 묘사하거나 언어로 표현할 수 없다고 말한다. 의지는 신의 의지 혹은 대자연의 의지다. 우리는 그것에 직접 접근하지 못하고 이미지로 접근하기에 언제나 여분이 생긴다. 이미지로 접근하기에 몸의 변화를 정확히 알지 못한다. 감기로 열이 나는 것을 사랑으로 착각하거나 열정적인 사랑이 우연히 일어났다가 사라진다. 이런 일을 어떻게 설명할 수 있을까. 진화한 인간은 엑스레이, 기능적 자기공명영상fMRI, 초음파 등 각종 기술 장비를 고안해 무의식 혹은 대자연과 소통하는 몸을 진단한다. 대화로 무의식에 접근해 정신 질환을 치료하려 했던 프로이트도 같은 입장이었다. 무의식은 진화로 인해 금지된 영역이다. 말속에는 무의식이 스며들어 있기에 모래 속에서 금을 가려내듯 환자의 무의식에 접근하지만 그 금이 원래 금이 아니라 전이된 금이다. 그가 은유와 환유로 꿈을 분석한 것도 무의식으로 가는 길에 지름길은 없다는 재현의 한계를 알고 있었기 때문이다. 쇼펜하우어의 사유는 니체에게 전해지고 니체는 프로이트에게 옮아간다. 제각기 재현의 한계를 안은 채 전달된다.

사과로 비유한 뇌를 이번에는 프로이트가 제시한 뇌 그림으로 풀어보자. 100년 전 프로이트가 그린 뇌 그림은 최근 밝혀진 뇌의 구조와 닮았을까, 아니면 전혀 다를까. 뇌를 들여다볼 수 있는 영상기술이 발달하지 않았던 시대에 프로이트는 위와 같이 그렸다. 그리고

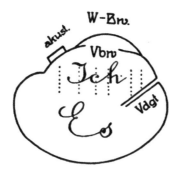

이것은 최근 뇌과학의 견해와 거의 일치한다.

　뇌의 아랫부분을 이드Id라 부르고 중간 영역을 에고Ego, 상부 피질을 슈퍼에고Superego라 한다. 이런 진화 과정은 무의식, 의식, 전의식이라는 세 단계로 불리기도 한다. 뇌는 하부와 상부의 두 영역으로 분리되고 그 사이에 오르내리는 층계인 변연계가 있다. 층계가 없으면 정신병이고 층계가 있는데 모르면 도착증이다. 신경증은 층계가 야무지지 못해 건들거려 늘 불안한 상태일 때 일어난다. 그래서 최근의 뇌과학자인 야크 판크세프와 마크 솜스는 뇌의 구조를 '이원적 일원론'이라 설명한다.[1] 아래위로 분리되었으나 하나로 통합된다는 뜻이다.

1　Mark Solms, "What is Neuro Psychoanalysis?", *Neuropsychoanalysis* 13.2 (2011): 133-145, "dual aspect monism"(136쪽); Jaak Panksepp, *About a Body: Working with the Embodied Body*, "Dual aspect monism strategy"(14쪽).

동물은 시계를
차지 않는다

내 동생 부부는 작은 반려견을 집에 혼자 두고 며칠씩 해외에 나갔다 오곤 했다. 일주일 만에 주인을 본 강아지는 동생 부부가 현관에 들어서면 꼬리를 흔들고 펄쩍펄쩍 뛰면서 좋아 어쩔 줄 몰라한다. 그동안 잠깐씩 들러 먹이를 주는 지인 외에 외롭게 홀로 집을 지킨 그 강아지를 보고 나는 마음이 짠해진다. TV도 못 보고 음악도 못 듣고 외출도 못 하면서 어떻게 그 오랜 시간을 참고 견디나. 참으로 사람보다 낫구나 생각하곤 했다. 그런데 사실 개의 시간과 우리의 시간은 다르다. 그 귀엽고 작은 개에게는 과거를 회상하거나 현재를 지루하게 느끼거나 미래를 불안해할 만한 시간 개념이 없다. 동물은 달력도 시계도 보지 않는다. 배고프면 먹고, 먹고 난 후 내보낸다. 오직 인간만이 시계를 보고 달력을 보며 살아간다. 시간은 어디에서 오는가. 하부에서 상부로 발달한 뇌의 진화로 시간을 설명해보자.

우리는 흔히 현재를 즐기라는 충고를 듣는다. 미래를 걱정해 현재를 희생하지 말고 과거에 깊이 빠져 현재를 망치지 말라고 조언한다. 그런데 현재라는 게 어딘가에 똑 떨어져서 존재하는가? 다윈의 진화론에 바탕을 두고 뇌과학으로 의식Consciousness을 설명한 심리학자 윌리엄 제임스는 시간을 지각하는 것에 대해 이렇게 말한다. 과거의 것이라고 생각하는 것은 현재 순간에 있는 대상들과 대상들의 흐름 속에서 우리가 생각하는 것이다. 우리는 결코 현재 순간의 것이 아닌 어떤 지식도 가질 수 없다.[2] 과거에 있었던 그 일은 정확히 그때 있었던 게 아니라 현재의 흐름 속에서 떠올리는 일이라는 것이다. 그러면 현재라는 시간은 있을까? 제임스는 의식을 이렇게 설명한다. 우리의 의식은 반딧불처럼 반짝하는 순간 빛을 던지고 영원히 어둠 속으로 사라진다(PP, 404). 그리고 현재의 어떤 것도 과거 및 미래의 생각과 동떨어져서 파악되지 않는다. 지식과 판단은 과거 미래가 구분되지 않고 연속적으로 흐르는 시간 속에서 얻어지고, 따라서 의식은 물처럼 흐른다.

흐름 속에서 지식이 얻어지는데 왜 달력에서는 어제와 오늘과 내일이 분명히 구별되는가. 친구와 약속해놓고 어긴다. 그래놓고 "너의 시간과 나의 시간은 달라"라고 말하면 그 친구와는 결별이다. 시계의 시간이나 달력의 날짜는 약속을 지키기 위한 사회적 시간이다. 그래서 과거, 현재, 미래가 뚜렷이 구별된다. 제임스가 말하는 의식과 시간은 실제로 우리가 경험하는 시간, 즉 뇌의 아랫부분인 무의식과 윗부분인 상부 피질이 소통하는 가운데 느끼는 주관적 시간이다. 시계와 달력에 개인적인 무의식을 반영할 수는 없다. 그러나 실제로 경험하는 시간에는 무의식이 침투한다.

지나간 것들에 대한 미련, 새로운 것에 대한 기대가 기억과 예
측의 싹이고 과거를 되돌아보고 미래를 예상하는 시간이라는

2   William James, *The Principles of Psychology Vol. 1 & 2*, Digireads.com Publishing, 2010. 원래 1890년 Dover Publisher에서 출간되었음. 403쪽. 이로부터 인용은 (*PP*, 쪽수)로 표기함.

감각이다. 기억과 예상이 의식을 흐르게 하고 의식의 흐름을 낳는다.(PP, 404)

제임스는 '프린지Fringe'라는 모호한 단어로 의식과 시간의 실체를 벗긴다. 의식은 '나는 생각한다, 고로 존재한다'라는 식의 분명한 실재가 아니다. 그것은 지나간 과거와 다가올 미래 속에서 태어나는 경계가 너덜너덜한 흐름이다. 내가 '프린지'라는 용어를 이해하는 데 오랜 시간이 걸린 것은 바로 이 '너덜너덜'하다는 사전의 뜻 때문이었다. 다른 학자들이 프린지에 대해 쓴 글들을 읽어봐도, 제임스 자신이 무지개에 빗대어 쓴 부분을 읽어봐도 의미가 모호하기만 했다. 그런데 이제 그 뜻이 분명해진다. 왜 그들의 설명이 쉽게 받아들여지지 않았을까. 나는 경험하는 시간이 아니라 달력의 시간으로 그들의 글을 이해하려 했다. 나의 상부 피질에 새겨진 경험은 내가 더 성숙해지기를 원한 것이다. 언어 자체는 벽에 걸린 시계처럼 정확하지만 수행으로 들어가면 수행자의 경험에 따라 의미가 달라진다. 경험이라는 무의식이 작동하기에 시간에서 1분과 2분 사이의 경계는 모호하고 너덜너덜하다.

제임스 심리학은 경험주의 철학에 속한다. 우리 의식 속에서 과거, 현재, 미래는 섞여서 흐른다. 따라서 현재를 충만히 살라는 충고는 실천하기 어렵다. 과연 현재라는 시간이 있는가? 바로 '지금'이라고 느끼는 순간 그건 이미 지나가버린 과거가 아닌가. 바로 지금 속에는 미래에 대한 불안과 준비가 자리 잡고 있다. 현재란 반딧불과 같이 순간적인 빛이고 그 빛은 다시 똑같이 오지 않는다. 그러므로 현재는 오직 '얼마 동안'이라는 기간으로만 느껴질 뿐이다(PP, 404). 아마 현재를 충만히 살라는 충고는 과거에 대한 후회와 미래에 대한 불안에 너무 연연하지 말라는 충고일 것이다. 우리는 너무나 그렇게 살기 때문이다. 시간은 그냥 흐르고 한번 간 시간은 다시 오지 않는다. 그저 순간순간을 충만히 기쁘게 살면 과거도 미래도 충만해지지 않겠는가. 고구마처럼 한데 붙어 올라오니까.

만일 우리의 판단과 인지가 너덜너덜하다면 어떻게 나를 믿고 또 세상을 믿으며 살아갈 수 있을까? 물론 의식은 정확한 척한다. 그렇지 않으면 타인과 더불어 사회생활을 할 수 없기 때문이다. 너덜너덜하다고 약속을 어기고 너덜너덜한 세상이라고 시험을 안 보면 안 되니까. 그래서 심리학, 정신분석, 뇌과학은 경험을 많이 쌓으라고 조언한다. 판단의 오류를 줄이는 길은 상부 피질에 저장된 경험의 오류에 있다. 경험을 두려워하지 마라, 피할 수 없는 오류를 인정하고 그것을 줄이기 위해 노력하라. 여기에 나 무의식이 있다. 이것이 깔끔해 보이는 의식의 옷깃을 슬쩍 들춰 너덜너덜한 것을 보여주며 무의식이 전하는 무언의 충고다.

1초, 2초…… 째깍거리는 벽에 걸린 시계는 너와 나의 약속을 위해 존재할 뿐, 우리가 느끼는 시간은 실제보다 길기도 하고 짧기도 하다. 연인을 기다리는 20분은 하루같이 길고 천천히 왔으면 하는 시험 날짜는 빠르게 다가온다. 그러니 과거에 했던 말을 두고 두 사람이 다투는 것은 의미가 없다. 두 사람의 기억이 다른 것은 당시의 경험과 환경이 다르고, 이후의 경험과 환경이 또 다르기 때문이다. 세상에 던져진 절대 고독, 좁힐 수 없는 타인과의 거리, 사랑하는 사람과 하나 되고 싶은 이루어질 수 없는 열망, 되돌릴 수 없는 과거. 이것이 진화의 선물이자 우리가 지불해야 할 청구서다.

오래 머물고 싶은 행복한 시간은 금방 지나가고 빨리 지나갔으면 하는 힘든 시간은 천천히 간다. 제임스의 끊임없이 '흐르는' 의식과 시간에 대한 경험론은 동시대 프로이트의 전 생애를 지배한 핵심 개념이기도 했다. 의식은 견고하고 정확한 시계를 주었지만 무의식이라는 뇌의 하부가 작동하는 한 시계는 초현실주의 화가 살바도르 달리의 '흘러내리는 시계'처럼 흐물거릴 뿐이다.

20세기 초 매끄러운 벽시계에 저항한 초현실주의는 제임스의 너덜너덜한 의식(프린지), 그리고 프로이트의 무의식을 드러내는 미학이었다. 우리가 시계를 손목에 차는 이유는 무의식을 일시적으로 차단하고 사회적 약속을 지키기 위해서다. 눈이 쏟아지는 벌판에서 오지 않는 연인을 기다리며 연신 시계를 보는 이유는 길게 느껴지는 시간이 정말인가 확인하기 위해서다. '겨우 10분 지났잖아?' 그렇다면 동물은 사회적인 존재가 아닌가. 인간의 사회화는 개인성에 바탕을 둔다. 그러나 동물에게는 개인의식이 없다. 손목에 시계를 차지 않는 것에서 알 수 있듯 동물은 의식의 기억이 아니라 몸의 기억으로 산다. 개는 주인의 촉각, 냄새, 맛으로 살아가기에 시계를 차지 않는다. 하부와 상부의 이층집을 짓지 않는다. 단층인 개의 시간에는 회상과 지루함, 예측이 없다. 생존과 노화를 따를 뿐 무의식의 시간과 의식의 시간이 없다. 푸바오는 촉각, 냄새, 맛 그리고 몸의 기억으로 포식자를 피하고 주인을 섬긴다. 서울에서 중국으로 건너간 판다가 그리워하는 것은 본능적으로 그리운 주인의 손길이다. 음식은 비

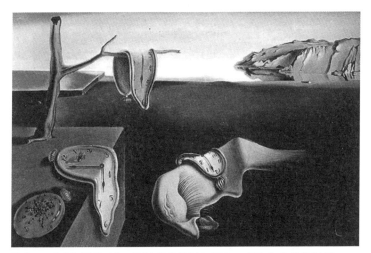

살바도르 달리, 「기억의 지속」, 캔버스에 유채, 24.1×33.0cm, 1931, 뉴욕 현대미술관.

숫해도 주인의 체취와 손길이 같지 않으면 판다는 환경이 달라졌음을 느낄 것이다. 본능적이기에 단순하지만 그래서 진실하다.

진화 과정에서 인간의 자의식은 사회의식과 '동시에' 일어난다. 사회적이면서 동시에 개인적이라니. 그래서 삶이 그렇게 복잡하고 모순적인가? 어떻게 그럴 수 있을까? 이층집을 지었기 때문이다. 제임스의 심리학과 프로이트의 정신분석이 현대 뇌과학과 만나는 지점이 바로 이곳이다. 이른바 '이원적 일원론'이라고 불리는 이층집이다.

프로이트의 뇌과학:
이층집에서 가장 중요한 것은
오르내리는 층계

우리는 어떻게 찰리 채플린의 무성영화를 보고 의미를 알아차릴까. 몸의 습관은 자동으로 나타나기에 인간의 많은 행동은 이것을 따른다. 의식은 간편한 것을 선호해서 반복되는 행동이나 생존에 꼭 필요한 행동들을 몸에 저장해둔다. 이렇듯 DNA로 저장되는 공통된 기억이 있기에 미국 영화를 보면서 그들의 행동과 표정을 읽을 수 있다. 몸의 기억이 없다면 문화가 다른 여러 나라의 사람들이 채플린의 무성영화를 즐길 수는 없을 것이다.

몸의 기억은 뇌의 하부로부터 시작되고 언어는 상부가 필수적인 브로카 영역에서 시작된다. 모든 동물은 어릴 때 꼭 필요한 생활 습관들을 부모에게 배운다. 먹을 것을 구하는 법, 포식자를 피하는 법, 추위와 더위에 적응하는 법 등등. 인간의 유아기는 다른 동물에 비해 길다. 그리고 자녀를 한 번에 한 명씩 낳는다. 잘 기르기 위해서다. 보통 3~4(혹은 2~3)세라 말하는 유아기의 기억들을 우리는 회상하지 못한다. 위층을 올리면서 기억의 구조가 달라지기 때문이다. 대신 그 기억은 몸에 남는다. 이 시기에는 '나'라는 개인의식이 없어 타인과 자신을 구별하지 못한다. 자신을 돌봐주는 어머니와 나를 구별하지 못한다. 남을 때리고 자기가 아프다고 울거나 젖을 먹으며 '엄마는 나 때문에 행복하지?' 하는 행복한 표정으로 어머니의 얼굴을 올려다본다. 그런데 아기가 그렇게 생각하는지 어떻게 알 수 있나?

의식이 발달하면서 몸의 기억은 억압된다. 뇌과학자 엔델 툴빙은 서사적 기억이 발달하면서 몸의 기억이 지워지는 것을 '어린이 망각'이라 부른다. 성장한 아이는 생후 18개월 전의 일을 기억하지 못한다. 의식이 출현하고 전지적 의식Autonoetic Consciousness이 시작되면 뉴런의 시스템이 변해 그 전에 저장된 기억의 흔적들을 인출할 수 없게 된다(1997, 345). 화폐가 바뀌어 옛날 돈을 더 이상 사용할 수 없는 것과 같다. 다행히 기계적으로 습득한 기억은 몸에 남는다. 툴빙은 의미적 기억과 서사적 기억을 다음과 같이 구별한다. '한 마리 개가 뜰 안에 있다'는 개인적 기억이 아니기에 지워진다. '나는 지금 뜰 안에 있는 개 한 마리를 보고 있다.'는 서사적 기억이기에 지워지지 않는다. 의식의 진화는 서사적 기억의 발달이고 개인의 탄생이기에 길이 막힌 유아기의 기억은 몸에 남는다. 사실 이와 같은 툴빙의 주장은 100년 전쯤 프로이트가 늑대인간의 분석에서 밝힌 사실이었다. 이 부분은 뒤에서 다시 논의한다.

유아기의 특성을 짐작할 수 있는 것은 어른이 되어서도 그런 느낌이 나타나기 때문이다. 어른들도 자기가 잘못해놓고 상대방의 잘못이라 우긴다. 남을 미워할 때도 내가 아니라 그 사람이 나를 미워한다고 믿는다. 이것이 프로이트가 말하는 억압이다. 억압된 것은 언제나 되돌아온다. 벽에 걸린 견고한 시계를 너덜너덜, 물렁물렁하게 만드는 주범이 억압을 뚫고 무의식이다. 경험과 실천의 영역에서 나타나는 무의식을 가장 잘 드러내는 게 사랑(에로스)이다. 사랑에 빠질 때 괴로운 것은 연인을 닿을 수 없을 만큼 높은 곳에 올려놓는 마음과 그런 연인과 하나 되고 싶은 욕망이 동시에 강렬하게 나타나기 때

문이다. 그러고는 또 닿을 수 없다고 슬퍼하고 괴로워한다. 불합리의
극치다. 그래서 한번 빠지면 한동안 길을 잃는다.

너와 내가 한 몸이라고 착각했던 유아기에 경험한 어머니의 사랑
은 이후 사회적 금기에 의해 추방되지만 여전히 몸의 기억으로 남아
있다. 금지에 의해 닿을 수 없게 되었으면서도 여전히 너와 나의 경
계를 지우고 하나가 되려는 욕망이 에로스의 본질이다. 이층집에 살
면서 아래층으로 되돌아가지 못해 애가 타는 게 사랑이다. 그래서
무의식은 억압되지만 늘 의식의 아래층에 살아 있으면서 집세를 내
라고 텃세를 부린다. 이것이 억압이고 억압된 것의 귀환이다. 한때 사
랑했던 부부가 싸우면서 서로 상대방을 탓하는 것을 흔히 본다. 싸
움은 너와 나를 구별하지 못하는 무의식의 증거다. 스스로를 되돌
아봐야 남의 입장을 배려할 수 있다. 민주주의에서는 양당의 득표수
차이가 근소할수록 갈등과 증오는 증폭된다. 근소한 차이로 패배한
대통령 후보의 지지자들은 승리한 사람들이 기뻐하는 순간마다 가
슴이 쓰리고 미움이 커진다. 이럴 때 승자는 패자의 마음을 추측하
면서 그들의 입장이 되어볼 필요가 있다. 그러지 않으면 기회가 왔을
때 패배의 쓰라림을 맛보게 된다. 근소한 표 차이는 양심과 윤리보다
사랑과 증오를 부를 수 있다. 위층에서는 양심과 윤리를 가르치지만
아래층에서는 사랑과 증오가 작동한다. 이때 위층보다 아래층의 은
밀한 힘이 더 세다.

실천의 영역에서 무의식은 항상 의식 속에 자리 잡고 있다. 그러
므로 이층집에 살려면 타인의 입장에서 나 자신을 돌아보는 어려운
능력이 필요하다. 이것이 공감이고 민주주의가 그런대로 유지되는 길

이다. 결국 증오는 사랑을 이기지 못한다.

무의식과 의식이 서로 타협해야 이층집이 편안하다. 너와 내가 하나 될 수 없는데 하나가 되었다고 착각하는 순간 숭고한 대상은 영롱한 빛을 잃고 소유와 집착의 대상이 된다. 하나가 될 수 없는 연인은 나의 자존심을 파괴하는 대상이 된다. 성폭력을 비롯해 모든 증오와 테러는 이런 면에서 에로스의 변형이다. 아이는 철이 들면 남을 의식하게 된다. '나의 것'과 다른 '너의 것'을 인식하고 남의 눈치를 본다. 철이 든다는 것은 고독한 개인이 되면서 동시에 더불어 살아야 하는 사회인이 되는 모순이 싹튼다는 것이다. 우리가 군중 속에서 더 외로움을 느끼는 것은 고독과 사회, 사회화와 개인화가 동시에 일어나기 때문이다. 군중과 고독은 동전의 양면으로 같은 현상의 다른 이름이다.

정신분석은 과학인가?: 늑대인간의 신경증 치료

프로이트가 유럽에서 선풍을 일으키던 20세기 초, 그를 유명하게 만든 사례연구가 있다. 1910년 2월부터 1914년 6월까지 4년 4개월 동안 빈에서 이루어진 신경증 치료는 4년 후인 1918년에 발표되었다. 그리고 찬반 논란을 불러일으키면서 프로이트를 런던을 비롯한 유럽의 유명 인사로 만든다. 제목은 「유아기 신경증의 역사로부터」지만 우리에게는 '늑대인간 분석'으로 더 잘 알려진 대표적인 사례연구다.

드레스덴의 고등법원장 슈레버의 정신분열증 사례는 자서전에 기초해 이루어졌고 레오나르도 다빈치의 어린 시절 분석도 사후 그를 둘러싼 자료를 통해 이루어졌다. 따라서 직접 환자와 대화하며 진행하고 그 과정을 세밀히 기록해놓은 늑대인간 분석은 자유연상법의 실례를 보여주는 중요한 자료다. 무엇보다 프로이트의 정신분석이 과학적인가 아닌가를 가늠할 수 있는 자료다.

유대인으로 미국에 망명해 노벨상을 수상한 뇌과학자 에릭 캔델은 프로이트를 흠모해 정신분석가가 되고자 했으나 연구비가 많이 나와 학자가 되었다고 말한 적이 있다. 초기 저술에서 그는 프로이트를 칭송하면서도 그의 정신분석은 과학성이 약하다고 언급한다. 그러나 몇 년 전 출간된 『마음의 오류들』에서는 정신 질환의 치료에서 약물과 함께 분석도 꼭 필요하다고 역설한다. 삶의 어두운 심연을 통찰하고 스스로의 삶이 가치 있다고 느끼며 정상인으로 회복되려면 약물만으로는 한계가 있다는 것이다. 과연 프로이트의 분석은 과학성이 약한가? 긴 치료 과정을 간략히 정리해본다.

러시아 귀족의 아들로 태어난 세르게이는 혁명의 소용돌이 속에서 프로이트에게 분석을 받는다. 그는 크리스마스에 태어났다. 한 살 반쯤에는 말라리아로 부모의 방에 머물면서 간호를 받는다. 두 살 위인 누이가 아주 총명해 부러움의 대상이었고 아버지가 그녀를 더 총애해 질투를 느낀다. 누이는 어린 동생인 세르게이를 유혹한 적이 있었고 그 후 성장해 우울증과 불안에 시달리다 자살한다. 세르게이는 러시아 귀족이 으레 그렇듯 유모의 돌봄 아래 유아기를 보냈고 유모는 그가 성적 호기심을 보이면 강하게 꾸짖었다. 세르게이의 신경증 증상은 네 살쯤부터 늑대 꿈에 시달리면서 시작된다. 대략 열한 살까지 동물공포증에 시달리면서 불안을 느낀다. 성인이 되어 프로이트를 찾은 그는 우울증과 무기력증을 보였는데 결혼과 이성애에 큰 흥미를 느끼지 못하며 살고 있었다. 물론 동성애는 당시 법이 금지한 두려움의 대상이었다. 한동안은 정상적인 생활도 했으나 정신분석을 받다가 스물다섯 살쯤 프로이트를 찾아온 것이었다.

창가에 누워 밖을 보는데 커다란 호두나무가 서 있고 가지 사이에는 눈처럼 하얀 늑대가 대여섯 마리 앉아 있다. 늑대들은 그를 뚫어지게 응시한다. 세르게이는 늑대에게 잡아먹힐까 두려워 소리치며 꿈에서 깨어난다. 이후 이런 꿈이 계속되고, 세르게이는 또 그 꿈을 꿀까 두려움을 느끼곤 했다. 프로이트는 그에게 과거의 기억을 자유롭게 풀어내라고 한 뒤 이렇게 답한다. 늑대가 그를 응시하는 꿈을 꾼다는 것은 실제로 그가 어떤 장면을 응시했다는 것이고 그 장면은 어릴 적 말라리아로 부모의 방에 있을 때 목격한 어떤 장면일 것이다. 원초적 장면이라 불리는 이것은 부모가 동물들처럼 후배위 성교를 하는 장면이었다.

프로이트는 자신의 답이 환자의 기억 속 과거의 사건들 가운데 분석자가 찾아낸 억압된 무의식이라 말한다. 그는 환자가 어릴 때 읽은 동화 속의 늑대, 그림책에서 본 동물의 교미 장면, 동물의 우리에서 봤을 수도 있는 자세, 그리고 아버지에 대한 환자의 특별한 감흥 등을 종합해 추론했다. 그 답은 기억을 거슬러 오른 결과물로 정답이 아닐 수도 있다. 어린 세르게이가 그림책이나 동화에서 본 동물의 교미 장면을 부모에게 투사한 것일 수도 있다. 성인이 되어 회상하는 과거이기에 현재의 분석 상황으로부터 분리될 수 없고 허구를 포함할 수도 있다고 슬쩍슬쩍 암시하면서 프로이트는 분석을 이끌어 간다.

세르게이의 동물공포증, 우울증, 아버지에 대한 마조히즘적 욕망, 어머니에 대한 동정심, 그리고 누이에게 느낀 열등감, 유모와 하인들과의 관계, 가족력 등 주로 그의 이야기를 세심히 듣고 기록한 프로이트는 환자의 억압된 무의식이 아버지에 대한 동성애적 욕망이었다고 말한다. 누이의 유혹과 원초적 장면에서 유래된 아버지에 대한 수동적 성은 그를 불안하게 했고 늑대 꿈에 시달리게 한다. 수동적 성이란 남아가 어머니와 자신을 동일시해 아버지의 연인이 되고 싶어하는 동성애다. 능동적인 성은 남아가 아버지와 동일시해 어머니와 같은 여자를 욕망하는 이성애다. 당시 사회는 이성애만 허락했고 이를 위반하면 감옥에 갔다. 이때 아이가 어머니에게 집착하면 아버지의 거세 위협을 내면화하여 오이디푸스 콤플렉스가 생긴다. 그러므로 사회가 금지한 동성애가 잘 억압되지 않으면 불안과 공포를 느끼는데, 이것이 '거세공포'다.

세르게이는 어머니와 좋은 가정교사의 도움으로 성경에 의지한다. 처음에는 강박증을 보였으나 가정교사의 도움으로 얼마 동안 평온한 삶을 누린다. 그러나 열 살쯤부터 강한 우울증을 앓는다. 그의 무의식은 억압됐지만 제대로 다스려지지 않았고, 현실과 갈등을 일으키면서 불안, 무기력증, 우울증으로 나타난 것이다. 그러면 왜 하필 늑대 공포증일까.

물론 우리는 한 살 반 때의 기억을 떠올릴 수 없다. 그 기억은 이후 이차적 기억(혹은 서사적 기억)이 생기면 지워지기 때문이다. 세르게이 자신도 프로이트가 제시하는 원초적 장면을 받아들이지 않았다. 그러나 진화론에 바탕을 둔 프로이트는 동화나 그림책 등에서 영향을 받아 부모에게 전이했을 수 있는 동물의 교미 장면을 환자의 병인으로 본다. 어차피 근원은 추측이고 환자의 저항은 무의식이 있다는 증거니까.

늑대인간 분석이 유럽에서 물의를 빚은 것은 병의 원인이 부모의 성교 장면, 그것도 후배위 성교 장면을 목격한 것이라는 가정 때문이었다. 세르게이처럼 혁명으로 추방된 러시아 귀족 블라디미르 나보코프는 소설 『롤리타』에서 퀼티라는 인물을 등장시킨다. 그는 정신분석가로 롤리타를 성적으로 이용하고 버리는데 롤리타는 여전히 그를 흠모한다. 결국 주인공 험버트는 퀼티를 찾아내 죽이고 감옥에 가서 글을 쓴다. 그것이 소설 『롤리타』다. 험버트가 사랑한 어린 소녀 롤리타는 나보코프가 볼셰비키 혁명으로 추방당한 러시아의 하늘 아래 한 곳, 어린 시절을 보낸 고향을 상징한다. 나보코프는 자신의 작품에서 늘 프로이트를 암시적으로 비판하는데 그가 그토록 그리워하는 유아기를 성으로 해석했기 때문이다. 실제로 그는 러시아 귀족사회에서 아기를 부모 방에 재운다는 건 터무니없는 소리라고 언급하기도 했다.[3]

---

3 나보코프가 어떻게 프로이트를 흉내 내면서 동시에 자신을 차별화했는지 나는 *Nabokov's Mimicry of Freud: Art as Science*(Lexington Books, Rowman& Littlefield, 2017)에서 자세히 다루었다.

프로이트는 유아기 성을 받아들이지 않았던 융을 향해 그러지 않고서 어떻게 개인의 신경증이나 정신증을 치료할 수 있느냐고 반문했다. 무의식을 유아기 성으로 해석한 것도 점잖지 못한데 부모의 성교 장면을 아기가 목격했다니. 그것도 동물처럼 '후배위 성교Coitus a Tergo'를! 엎드린 여자 뒤에서 남자가 무릎을 굽히고 하는 성교는 항문 성교를 연상시킨다. 세르게이가 동성애적 욕망으로 괴로워한다는 프로이트의 분석도 아버지의 자세에서 연유된 것인지 모른다. 사실 프로이트의 사례연구를 읽다보면 성에 관한 상세한 이야기가 많다. 그는 모든 증상을 유아기 성에서부터 논의한다. 당시 점잖았던 유럽 사회는 그의 적나라한 담론을 비난하면서도 은근히 호기심을 보였다. 인간의 가장 근원적인 동력을 성으로 보고 그때까지 쉬쉬하던 성에 관한 담론을 과감히 햇빛 아래로 끌어냈기 때문이다. 지식층은 상스럽다고 욕하면서도 진실을 파고드는 추적에 이끌렸다.

프로이트는 진화론의 입장에서 동물성과 동물의 성을 인간을 움직이는 동력(리비도)의 근원으로, 거세공포와 동성애를 신경증의 원인으로 봤다. 생물학을 인간의 심리로 옮겨놓았으니 다윈의 본고장인 영국에서조차 찬반이 엇갈렸다.

프로이트에 대한 찬반론은 늑대인간 분석에 의해 심화됐는데, 그의 분석이 과학적인지 아니면 단순히 괴기한 추론으로 물의를 일으켜 명성을 얻으려는 것인지를 알기 위해서는 이 분석의 후반부에 주목해야 한다. 대부분의 논평조차 앞부분, 즉 원초적 장면을 물고 늘어지다가 끝부분은 슬쩍 넘겨버리는 경향이 있다. 앞부분은 무엇이고 끝부분은 무엇인가. 왜 끝부분이 프로이트를 단순한 성 이론가가 아닌 최근 뇌과학자와 맞먹게 하는 한 방인가?

두 개의 기억:
몸의 기억과 서사적 기억

유아기 신경증을 다룬 긴 글의 앞부분은 환자의 과거를 거슬러 올라 현재 상황과 연결 짓는 자유연상의 결과물이다. 원초적 장면은 분석자가 열심히 묻고 듣고 자신의 이론에 따라 억압된 무의식을 찾아낸 결과물이다. 그러므로 원초적 장면은 이후 삶과 증상의 영향을 받은 둘 사이의 전이, 소망, 그리고 관심이 담긴 상상의 것이다. 물론 사실이라고 전제하지만 구성된 사건이고 허구를 피할 수 없다. 이를테면 누나의 자살, 아버지의 신경증, 삼촌의 강박증, 아픈 엄마와의 동일시, 유모와 가정교사의 영향 등은 사실이지만 이런 사실들을 있는 그대로 회상할 수는 없다. 뇌는 끊임없이 앞선 경험을 업데이트하기에 과거는 현재까지의 경험의 산물이고 둘 사이의 전이를 통한 대화의 산물이다. 망각되어 빠지거나 없던 것이 보태진 구성물이다. 한 살 반 때 부모의 성교 장면을 목격한 것이 늑대 꿈과 동물 공포의 원인이라니! 거세공포와 동성애의 원인이라니! 비록 불행했고 큰 흥미를 느끼지 못했지만 세르게이는 여자와 결혼했고 행복해지고 싶었던 남자다.

전체 9장으로 구성된 이 사례연구는 8장에서 우연히 튀어나온 세르게이의 말로 전환점을 맞는다. 물론 그 말을 흘려보내지 않고 구슬처럼 한 줄로 엮어내는 것이 분석자의 능력이다. 그는 열여덟 살때 물가에서 빨래하는 농가의 소녀에게 광적인 사랑을 느꼈다. 그 일이 떠오르지 않았던 것은 그 하녀의 이름이 어머니Mother를 연상시키는 마트로나Matrona였기 때문이다. 세르게이는 무의식중에 그녀에게 느낀 열정을 감추었던 것이다. 그의 이성애를 증명하는 이 열정은 열살 이후의 나비 공포증과 연결된다. 그는 늑대뿐 아니라 나비에도 공포를 느꼈다. 노란 줄무늬 나비가 꽃에 앉아 날개를 폈다 오므렸다하는 모습에 공포를 느꼈는데 그것은 여성의 다리가 오므려졌다 펴졌다 하는 모습을 연상시켰다. 프로이트는 노란 줄무늬 나비에서 노란 줄무늬 배Pear를 끌어내고, 맛있는 배가 러시아어로 '그루샤Grusha'임을 밝힌다.

세르게이는 분명히 기억했다. 유모 이전에 육아실 하녀 그루샤가 있었다. 세르게이가 두 살 반쯤 되었을 때 육아실에서 걸레통을 옆에 놓고 엎드려 마루를 닦던 하녀가 세르게이의 첫사랑이었다. 이것을 그녀의 이름을 따 '그루샤 장면Grusha Scene'이라 부른다. 유아기에서 발견한 이 새로운 장면은 원초적 장면을 증명하는 열쇠가 된다. 물가에서 엎드려 빨래하는 소녀의 뒷모습과 엎드려 마루를 닦는 그루샤의 뒷모습은 그가 아기 때 지켜본 후배위 장면의 사후 반복이었다. 그것은 바로 어머니의 엎드린 뒷모습이었다. 다시 말해 세르게이는 아버지와 동일시해 어머니를 사랑하는 이성애를 갖고 있었고 그의 신경증은 동성애를 억압하려는 노력에서 온 불안과 공포였다.

중요한 것은 원초적 장면이 프로이트의 추론인 반면 그루샤 장면은 환자 스스로 기억해낸 사실이라는 점이다. 환자가 받아들이지 않던 분석자의 긴 추론이 환자 자신의 구체적인 기억에 의해 증명된 것이다. 프로이트는 글의 거의 끝부분에 이르러서야 자신의 추론을 증명하는 한 방을 터뜨린 셈이다.

분석자가 추론해낸 원초적 장면과 환자가 기억해낸 그루샤 장면은 여성의 뒷모습이 반복된다는 점에서 서로 공통된다. 그런데 왜 그루샤 장면으로 원초적 장면을 증명했는가. 여기에 중요한 차이가 숨어 있다. 그루샤 장면은 동물과 인간이 공통되는 몸의 기억이고, 원초적 장면은 오직 인간만이 지닌 진화된 기억이다. 세르게이의 억압을 뚫고 우연히 튀어나온 몸의 기억은 일차적 기억이고, 프로이트가 긴 시간 동안 대화를 나누고 기록하면서 추론해낸 부모의 성교 장면은 회상이라는 이차적(혹은 서사적) 기억이다.

독수리는 어미에게서 창공을 날다가 먹이를 발견하면 화살처럼 땅에 내리꽂히는 기술을 배운다. 생존을 위해 익힌 몸의 기억이다. 마찬가지로 우리도 살면서 여러 습관을 익힌다. 예를 들어 고등학교 때 배워 수영하는 법을 아는 여성이 있다고 해보자. 이것은 몸의 기억이다. 그러나 수영을 배우던 날의 또 다른 기억이 있다. 수영을 가르쳐준 남성의 친절한 말과 유머, 그토록 쉽게 가르치던 실력 등이 잊히지 않고 훗날 떠오른다. 수많은 망각 가운데 살아남은 그 기억은 시간이 흘러 그녀의 기억 속에서 과장되기도 하고 축소되기도 하면서 반복된다. 아니 어쩌면 그 장면은 사랑이라는 환상이 부풀린 허구인지도 모른다. 그래서 과학자들은 이 기억을 삽화적 기억Episodic Memory(혹은 서사적 기억)이라 부른다. 심리학자 윌리엄 제임스는 이를 원초적 기억(습관, 혹은 몸의 기억)과 대조되는 이차적 기억이라 부른다. 왜 원초적 기억이 이차적 기억보다 정확한가. 왜 이층집에 올린 기억은 정확하지 못한가.

프로이트는 그때까지 예술의 영역이던 심리를 과학의 영역으로 끌어냈다. 지금까지 살펴봤듯 그의 두 가지 기억의 원리는 진화론에서 출발한 과학이었고, 최근 뇌과학에서 그대로 증명된다.

부정확한 기억

몸의 기억이 서사적 기억보다 더 정확한 것은 진화의 아이러니다. 동물의 생존 기술이 단순한 데 비해 인간의 생존 기술은 다양하고 개인적이며 동시에 사회적이라는 모순을 안고 있다. 서사적 기억 때문에 철학적 논쟁은 끝이 없고 예술이 이어지며 우울증, 치매, 정신 질환이 나타난다. 아내를 알아보지 못하면서도 손에 쥔 찻잔으로 사랑을 전달하는 사에키의 치매는 서사적 기억이 손상된 비극이다. 그런 비극을 창조한 예술가가 이야기를 만드는 이유도 부정확한 서사적 기억 때문이다. 문학에서 회상이라 부르는 서사적 기억은 상상력이 되어 언어, 역사, 문화, 예술을 창조하는 동력이 된다. 그뿐 아니라 과거의 경험을 저장하여 의식이 현실에 즉각 대응할 수 있도록 한다. 뇌의 하부에는 진화 이전의 동물성이 그대로 남아 있고, 서사적 기억은 진화에 의해 발달한 상부에서 일어난다.

1957년 브렌다 밀너는 신경학계에서 유명한 보고서를 발표했다.

H. M.으로 알려진 헨리 G. 몰레이슨(1926~2008)에 대한 중요한 발견이다. H. M.은 1953년 간질병 치료를 위해 내측 측두엽 절제 수술을 받았다. 해마를 절제한 이후 환자는 매일 입원실에 들어서는 의사와 간호사를 알아보지 못했다. 만날 때마다 그들을 새로운 인물로 대하는 것이었다. 그러나 그는 찾아오는 가족들과 수술 이전의 일들은 기억했다. 이것은 무엇을 의미하는가? 해마가 없으면 단기기억이 장기기억으로 전환되지 못한다는 뜻이다. 기억의 저장소는 따로 있기에 저장된 과거 일들은 기억할 수 있었지만, 새로운 일들은 저장하지 못했던 것이다.

자극을 수용하는 곳과 저장하는 곳이 다르다는 밀러의 논문은 사실 프로이트의 가설을 과학적으로 뒷받침하는 증거였다. 선배인 빌헬름 플리스에게 보낸 편지에서 프로이트는 기억의 구조가 '상호 배타적'이라는 표현을 쓴다. 자극을 수용하는 곳과 저장하는 곳은 다르다는 것이다. "지각이 일어나는 뉴런에서 의식이 일어나는데 그 자체에는 일어난 일의 흔적이 간직되지 않습니다. 의식과 기억의 흔적은 상호 배타적이기 때문이지요."[4]

이 편지는 프로이트가 논문을 쓰고 난 지 일 년 후 플리스에게 보낸 문구였다. 뇌과학의 선구적인 논문으로 자주 언급되지만 당시에는 잊혔고, 프로이트는 살아 있는 동안 이 글을 발표하지 않았다.

---

4   "W(perceptions) are neurons in which perceptions originate, to which consciousness attaches, but which in themselves retain no trace of what has happened. For consciousness and memory are mutually exclusive."(1985, 207-208)

글이 지나치게 복잡해 주목받지 못하리라 생각했기 때문인가, 아니면 유대인인 탓에 교수로 임용될 수 없게 되자 과학자의 꿈을 접었기 때문인가. 캔델이 아쉬워하듯 교수가 되고 연구비를 받았더라면 그는 뇌과학자가 되었으리라. 이 야심 찬 논문은 프로이트가 진로를 바꾸어 정신분석의가 되면서 발표한 『꿈의 해석』이후로 묻히고 만다. 「과학적 심리학 초고」로 알려진 이 논문은 55년 뒤인 1950년 어니스트 존스에 의해 발굴되어 오늘날에는 표준판 전집 제1권에 포함되어 있다. 그러나 당시에는 역시 눈길을 끌지 못하고, 1990년대 후반 포스트모더니즘이라는 정치적 패러다임 이후 '나는 누구인가'라는 새로운 패러다임이 시작되면서야 주목을 받는다.

2001년 나는 미국의 럿거스대학의 정신분석학회에 참석해 라캉과 이창래의 소설에 대해 발표했는데, 그때 참여한 학자들 모두 대강당에서 유명한 교수의 강연을 듣기 위해 몰려갔다. 프로이트를 뇌과학자로 봐야 한다는 내용으로 당시 내게는 조금 낯선 주제였다. 훗날 알았지만 프로이트는 그보다 4년 전부터 이미 뇌과학자로 조명되고 있었다. 1997년 프로이트 학회는 심포지엄을 열고 그를 심리학자이자 뇌과학자로서 주목한다. 그 내용은 이듬해 『프로이트와 뇌과학: 뇌의 연구로부터 무의식까지Freud and the Neurosciences: From Brain Research to the Unconscious』라는 제목의 책자로 발간된다. 책자에 실린 글들 중 올리버 색스의 「지크문트 프로이트: 또 다른 길Sigmund Freud: The Other Road」을 잠깐 살펴보자. 프로이트는 원래 해부학자이자 신경학자였다. 1860년대에 영국의 신경학자 잭슨은 진화론의 입장에서 뇌의 기능을 연구해 인간이 점점 더 높은 지능으로 진화해가는 과정을 논했다

(14). 프로이트는 파리에서 브로이어와 공동 연구를 수행한 후 돌아와 실어증 환자를 치료한다. 그때 언어를 잊거나 잃는 증상이 상부 피질과 관련된다고 보게 된다. 고급 언어를 사용하던 사람이 전두엽에 손상을 입은 후 상스러운 성적인 언어를 쓰고 폭력적으로 변한다. 치매 환자가 사회성을 잃고 본능으로 퇴행하는 것과 비슷하다.

고급 언어에서 조야한 언어로 퇴행하거나 이성을 잃고 동물처럼 행동하는 것은 하부 피질이 상부 피질 이전에 있었다는 증거였다. 심리를 뉴런의 조직으로 보고 마음이 물질세계의 일부라는 것을 발견한 프로이트는 훗날 뇌의 하부를 무의식 혹은 '이드Id'라 이름한다. 그런 게 아니라면 이성의 역사는 왜 폭력을 피하지 못하고, 선한 의도로 시작한 일은 왜 사악한 결과로 끝나곤 하겠는가.

이제 프로이트가 뇌과학 논문에서 밝힌 심리의 구조를 보자. 과연 「과학적 심리학 초고」가 그의 전 생애에 반복되어 나타나는 사상이자 정신분석의 기초가 되었을까? 그렇다면 왜 프로이트는 그런 글을 쓴 적이 없다는 듯 죽는 날까지 묻어두고 모르는 척했을까.

길고 복잡한 초고의 핵심은 이렇다. 뇌에는 두 종류의 대립하는 뉴런이 있고 이들을 중재하는 제3의 뉴런이 있다. 대립하는 뉴런은 파이(φ)와 싸이(ψ)로 표기한다. 파이는 외적 자극이 스며들 수 있는 통과 가능 뉴런이다. 싸이는 몸의 내부에서 일어나는 흥분으로 접촉 장벽 때문에 통과할 수 없는 뉴런이다. 앞의 뉴런은 위층의 상부 피질이고 뒤의 뉴런은 아래층의 하부 피질이다. 이 둘을 중계하는 가운데 층계인 지각 뉴런을 오메가(ω)로 표기한다. 지각 뉴런은 외적 자극을 내적 질서로, 다시 말해 양Quantity을 질Quality로 바꾸는 뉴런

이다.[5]

　이제 세 뉴런을 익숙한 용어로 바꿔보자. 외적 자극이 통과하는 뉴런은 전의식, 내적 흥분으로 의식이 통과할 수 없는 뉴런은 무의식, 이 둘을 중계하는 지각 뉴런은 의식이다. 최근 뇌과학 용어로 설명하면 전의식은 전두엽, 의식은 해마를 비롯한 변연계, 그리고 억압된 무의식은 주로 변연계의 아랫부분인 뇌간이라 할 수 있다.

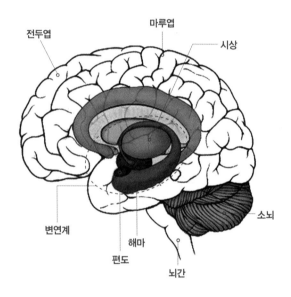

---

5   During perception the φ and the ψ systems are in operation together; but there is one psychical process which is no doubt performed exclusively in ψ—*repro-ducing, or remembering—and this, speaking generally, is* 'without quality'" *SE*, 1, 1950(1985), 308쪽.

사랑은 접촉장벽이 만든
몸의 잉여다

아름답고 추하고 행복하고 불행한 사랑이라는 감정을 이렇게 냉정하게 표현하다니! 심리를 과학으로 끌어낸 프로이트에게 에로스는 만만한 분석의 대상이었다.

접촉장벽이란 통과할 수 없는 층계다. 위층을 올리면서 막혀버린 아래층으로 가는 길이다. 보통 위층을 올릴 때 층계를 놓는데, 인간의 뇌에는 그 길에 금지 팻말이 붙어 있다. '당신은 이제 동물이 아닙니다.' 그러나 의식은 포기하지 않는다. 중계자로서 책임을 느끼고 내려갈 방법을 찾는다. 몸이 아픈데 위층에만 매달릴 수는 없기 때문이다. 이른바 이성이라 알려진 위층은 제대로 역할을 못 하고 틈틈이 아래층이 있음을 드러낸다. 아니 아래층에 휘둘린다. 방법은 딱 하나뿐이다. 바로 통과할 수 있는 전의식(주로 전두엽)에 저장된 통행권인 과거의 경험과 기억이다. 프로이트는 늑대인간 분석에서 돌아가는 길을 천천히, 치밀하게 보여준다. 그리고 마지막에 환자의 입에서 튀어나온 몸의 기억으로 원초적 장면을 증명한다. 원초적 장면을 구성해 아래층으로 내려가는 길을 뚫은 것이다. 그루샤 장면은 위층의 소란함을 견디다 못해 접촉장벽(억압)을 뚫고 튀어나온 몸의 기억이다.

과연 장벽은 무너지고 프로이트는 제대로 길을 찾았던가. 제1차 세계대전 탓에 분석을 마무리하지 못한 프로이트는 못내 아쉬워했다. 세르게이는 얼마 지나지 않아 다시 찾아온다. 볼셰비키 혁명으로 러시아를 탈출한 그는 신경증에서 완전히 해방되지 못했다. 돈을 한 아름 지고 나왔으나 그 지폐는 유럽에서 더는 쓸 수 없게 되었다. 그래서 이번에는 프로이트가 그를 먹여주었다. 건강 문제로 그를 더 치료할 수 없게 된 프로이트는 그를 제자에게 소개했고 분석은 이어졌다. 그 후 세르게이는 보험회사의 사원이 되어 평범하게 오래 살았다. 조국을 그리워하면서 좋아하는 그림을 그렸다. 그리고 이번에는 반대로 자신이 프로이트를 분석하는 글을 남겼다. 오래전 이 글을 읽었던 나는 그가 프로이트의 분석을 셜록 홈스의 탐정 수법에 비유한 것을 기억한다.

접촉장벽을 통과하는 지름길은 없다. 더듬거리며 돌아가는 수밖에 없다. 그러므로 정신분석에서 완치란 없고 그럭저럭 일상을 영위할 수 있는 길을 찾는 게 최선이다. 우리가 그럭저럭 하루하루를 꾸려가듯 마음도 미묘하고 다치기 쉽게 구성되어 있다는 것을 깨닫는 길이다. 접촉장벽은 워낙 단단해서 무의식으로 내려가려면 은유와 환유, 즉 말을 통해 돌아가야 한다. 그 길이 환자의 신뢰를 얻어 용기와 희망을 주고 다시 일어설 수 있게 돕는다. 서사적 기억으로 몸의 기억에 닿으려는 시도이기에 정답은 없고 다만 근접한 추측이 있을 뿐이다.

이런 의미에서 진화는 하부에서 상부로 올라가며 발생하지만 치유는 상부에서 하부로 내려가며 이루어진다. 가장 중요한 점은 판단의 오차를 줄이려면 많은 경험을 해 전두엽에 자원을 저축해놓아야 한다는 것이다. 특히 인문학 고전들을 읽고 이해하면 인간을 좀더 잘 이해할 수 있고 판단 오류를 줄일 수 있다. 의식이 파악한 대상이란 어차피 이미지지만, 얼마나 실체에 근접한 이미지인가는 삶의 행복과 파국을 결정짓는다.

진화로 인해 우리는 아래층에서 일어나는 일을 직접 볼 수도 아래층에 접근할 수도 없다. 풍부한 경험과 정밀한 분석으로 추측할 수 있을 뿐이다. 그러므로 자신의 판단이 정답이라는 확신은 위험하다. 이런 확신은 현실에 대응하는 의식의 전략에서 온다. 의식의 속임수다. 타인을 안다는 것은 착각이다. 우리는 단지 추측할 뿐이다. 프로이트는 『집단심리와 에고 분석』에서 타인과 감정적으로 동일시하는 것을 '공감'이라고 착각하면 안 된다고 암시한다.

아래층인 몸의 이상은 처음에는 잘 알지 못하다가 깊어져서야 느끼곤 한다. 스트레스가 심하면 코르티솔이란 호르몬이 나오는데 이것이 지나치면 건강을 해친다. 이런 증상이 아래층에서 일어나지만 우리는 볼 수도 알 수도 없다. 그래서 항상성을 유지하기 위한 수치를 제시해놓는다. 혈압을 재고 피를 뽑고 엑스레이를 찍고 초음파 검사를 해서 몸이 이 수치 안에 들어가는지 확인한다. 이렇듯 우리는 기술의 도움으로 층계를 내려가지만, 사실 그조차 추측일 뿐이다. 위층을 올린 대가로 아래층에 직접 내려가는 길은 막힌 것이다. 그러면서도 아래층은 여전히 위층을 지배하고 소통한다. 금지와 통합의 이원적 일원론이다.

접촉장벽이 나쁜 것만은 아니다. 이것 때문에 역사와 삶이 이어지기 때문이다. 추측은 언제나 여분을 남기고 그 여분이 우리를 매혹한다. 삶의 원동력이 된다. 만일 우리가 단번에 실체와 몸을 파악할 수 있다면 우리는 아무런 욕망도 호기심도 없이 목적 없는 삶을 살지도 모른다. 가장 큰 대타자인 죽음에 이를지도 모른다. 장벽은 금지다. 그리고 금지로 인한 여분은 굉장한 위력을 갖는다. 제아무리 별거 아닌 것이라도 금지하면 숭고한 대상이 된다. 갖고 싶은 욕망이 일어난다. 연인이란 너무 높아서 닿을 수 없기에 소유하고 싶은 대상이다. 삶의 목적 또한 그렇다. 목적을 이루면 잠시 충만함을 느끼지만 이 느낌은 결코 지속되지 않는다. 공허함이 찾아오고 왜 사느냐는 물음이 밀려온다. 그리고 다른, 더 높은 대상을 원한다. 살기 위해서다.

연인이든 삶의 목적이든 그것은 장벽이 남긴 몸의 잉여로 판타지의 대상이다. 사랑은 접촉장벽으로 금지된 몸의 잉여다. 그러므로 삶에는 목적이 필요하고, 그것을 향해 천천히 가는 것이야말로 행복해지는 길이다. 누군가를 사랑한다면 소유에 목적을 두지 말고 둘이 함께 천천히 즐거운 시간을 나누어야 한다.

에고, 이드, 슈퍼에고는
삼분법이 아니다

프로이트는 생전에 「과학적 심리학 초고」를 출판하지 않았다. 그렇지만 그 논문에서 밝힌 뉴런의 구조를 평생 반복했다. 이론을 정리한 메타심리학이든 환자를 치료한 사례연구든 바탕에는 초고의 핵심 사상이 꿈틀거린다. 말하자면 정신분석은 프로이트가 초기 사상을 다양하게 응용해 무의식이 있다고 주장한 뇌과학이었다. 그가 과학자가 아니라는 비판을 받는 이유 중 하나는『꿈의 해석』을 그의 대표작으로 오해하는 사람이 많기 때문이다. 동료인 플리스마저 그 책에 실망해 프로이트를 인정하지 않았다. 사실 그 책을 읽고 있으면 분석이 자의적이며 과학적이지 않다고 느끼게 된다.

프로이트가「과학적 심리학 초고」를 쓴 지 30년 후에 발표한「신비한 글쓰기 패드에 관한 노트」에는 초기 사상이 어떻게 반영되어 있는가. 내가 고등학생, 혹은 중학생이었던 시절이다. 시기는 확실치 않으나 문방구에서 패드를 팔았던 걸 기억한다. 너도나도 스마트폰만 한 패드를 사서 열심히 글씨를 쓰고 지웠다. 패드는 세 겹으로 되어 있었는데 겉은 셀룰로이드로 된 얇은 보호막이고 가운데는 초를 먹인 푸르스름한 판지이다. 첫 장에 글씨를 쓰고 그 장을 들추면 마지막 판지에 글자들의 흔적이 남고 초를 먹인 판지 위 글자들은 사라졌다. 그것이 재미있어서 우리는 첫 장에 글을 쓴 뒤 떼었다가 다시 쓰곤 했다. 그런 식으로 얼마든지 쓸 수 있는 가볍고 얇은 패드였다.

당시 우리는 그 패드가 기억을 저장하는 뇌의 원리를 응용했다는 사실을 알지 못했다. 그러나 프로이트는 그 사실을 알고 글로 발표한다. 그것이「신비한 글쓰기 패드에 관한 노트」다. 패드의 첫 장은 지나친 자극을 방어하는 부분으로 뇌의 겉면 보호막이다. 두 번째 장은 의식으로 해마에 해당된다. 세 번째 장은 기억의 흔적으로, 기억을 저장하는 전두엽 등 상부 피질이다. 해마는 외부 자극을 수용해 각종 저장소로 보냄으로써 단기기억을 장기기억으로 전환한다. 따라서 해마 자체에는 기억이 남아 있지 않다. 텅 비워져 있어야 시간을 따라가면서 현실에 계속 대응할 수 있기 때문이다. 이것이 프로이트가 플리스에게 보낸 편지에 나온 문구의 뜻이다. "자극을 수용하는 뉴런(ω)과 그것을 저장하는 뉴런(φ)은 상호 배타적이다."

반복되는 몸의 기억은 습관이 되고 이차적 기억은 상부 피질에 남아 회상이나 인지의 근거가 된다. 예를 들면 늑대인간의 분석에서 원초적 장면을 추론하는 데 쓰이는 서사적 기억이 글쓰기 패드의 원리를 따른다. 해마(혹은 의식)는 현실에 대응하기 위해 시간을 따라간다. 그러나 저장소는 경험을 덧칠해 저장할 뿐 시간을 따르지 않는다. 그 결과 의식은 과거를 현재의 입장에서 회상하고 또한 현재를 과거 경험의 눈으로 파악한다. 뇌과학자 제럴드 에덜먼은 회상과 인지를 이렇게 표현했다. 회상은 현재 속의 과거the Past in the Present이고 인지는 과거 속의 현재the Present in the Past다. 이런 의미에서 그는 의식을 '기억된 현재Remembered Present'라고 정의했다(2004, 8). 과거를 돌아보는 시선에도 현재에 대응하는 시선에도 현재와 과거는 공존한다. 물론 미래 역시 현재 떠올리는 미래다. 현재 속에 살기에 과거와 미래가 뒤섞이고 또 그 현재란 느끼려는 순간 과거가 되어버리니 삶, 의식, 시간은 포착할 수 없는 너덜너덜한 흐름이다. 그래서 제임스는 의식이 고정된 실체가 아닌 끊임없는 흐름이라 정의했다.

프로이트는 「과학적 심리학 초고」에서 밝힌 주장을 글쓰기 패드로 정리하기 전에도 그 주장을 자신의 글 속에서, 그리고 환자의 분석에서 응용하고 있었다. 「쾌락원칙을 넘어서」에서는 죽음충동에 대응하는 전략으로 언급했다. 이차적 기억의 원리에서 '다르게' 반복하기를 이끌어내고 삶과 대립하는 죽음충동을 등장시켜 죽음을 지연시키는 새로운 윤리로 제시한 것이다. 이어서 프로이트는 「에고와 이드」에서 심리를 세 종류의 뉴런으로 설명한다. 에고는 지각 뉴런(ω)으로 의식에 해당된다. 통과 가능 뉴런(φ)은 슈퍼에고로 경험을 저장하고 의식과 소통해 더 높은 의식으로 승화한다. 그리고 이드는 의식의 억압을 받아 통과할 수 없는 통과 불가 뉴런(ψ)이다. 뇌의 구조로 보면 에고는 중간 뉴런인 해마를 비롯한 변연계, 슈퍼에고는 전두엽을 비롯한 상부 피질, 그리고 이드는 뇌간을 비롯한 하부 피질에 해당된다.

이처럼 심리는 뇌의 소통과 밀접하게 관련되기에 최근에는 심리학과 뇌과학을 하나로 본다. 여기에 그냥 지나칠 수 없는 중요한 부분이 있다. 오랫동안 삼분법에 대한 오해가 있었다. 인터넷에서 프로이트를 검색하면 에고가 슈퍼에고의 도움을 받아 이드를 조정한다고 나온다. 산뜻한 삼분법이다. 여전히 많은 사람이 그렇게 오해하고 있다. 에고가 그렇게 쉽게 마음을 조정할 수 있다면 왜 정신 질환이 나타나고 치료에는 오랜 시간이 걸리며 때로 재발까지 하겠는가? 그렇게 쉬운 일이었다면 삶, 역사, 문화는 태어나지도 지속되지도 않았을 것이다.

상부 피질이 진화했어도 이드는 마음과 뇌를 살리는 동력이다. 따라서 이드는 조정되는 게 아니라 늘 다른 모습으로 살아 있는 것이다. 실제로 프로이트의 『에고와 이드』에는 뇌 전체를 좌우하는 강력한 힘은 에고나 상부 피질이 아니라 하부에서 나온다는 내용이 있다. 이드는 아무리 억압해도 되돌아온다. 아니 이미 에고와 슈퍼에고 속에 떡하니 버티고 있다. 다른 모습으로, 위장한 모습으로 살아 있다. 에고가 아무리 노력해도 이드는 완전히 흡수되지 않는다. 에고가 슈퍼에고와 힘을 합쳐 이미지를 만들어도 이드는 잉여를 남긴다. 못하게 막으면 더 하고 싶어지듯 금지하면 없던 욕망도 일어난다. 그래서 프로이트는 말한다. 에고는 제멋대로 가려는 이드라는 말에 올라탄 기수다. 아무리 슈퍼에고의 도움으로 이드를 조정하려 해도 이드를 당해낼 수는 없다. 조정하려 할수록 힘이 더 세지기 때문이다. 말에서 내려버리면 되지 않을까. 하지만 그러면 에고는 살아갈 힘이 없어진다. 에고의 힘은 이드에서 빌려온 것이기 때문이다.

이처럼 에고는 이드라는 말의 등에 올라타 말의 힘을 견제해야 하는 기수와 같다. 차이가 있다면 에고는 말의 힘을 빌린 것이라도 마치 자신의 힘인 척해야 한다는 점이다. 이런 유추를 조금 더 계속해보면, 기수가 말에서 떨어지지 않기 위해서는 말이 가고 싶어하는 쪽으로 자주 가주어야 한다는 결론이 난다. 그런 식으로 에고는 마치 이드 스스로의 행동인 듯 이드의 의지를 행동으로 바꾸어야 한다(SE 19: 25).

삶의 욕망은 억압에서 태어난다. 최선의 길은 말 위에 앉아 말의 눈치를 봐가며 살살 달래서 돌아가는 것이다. 이드는 힘이 세다. 이것이 프로이트의 주장이고 이 부분은 프로이트 이후 자크 라캉의 욕망 이론에서 핵심 사상으로 부활한다. 이때 가장 중요한 게 에고가 위층과 아래층의 균형을 맞춰주어야 한다는 것이다. 그 이유는 앞으로 더 논의될 것이다.

아래층과 위층 사이에 계단이 있지만 의식은 '접근 불가'라는 팻말 앞에서 발을 돌려야만 했다. 마찬가지로 프로이트가 제안한 지각 뉴런은 통과 가능 뉴런과 통과 불가 뉴런 사이에서 힘겨운 균형을 이루어야 한다. 슈퍼에고의 눈치를 보면 이드가 가만히 있지 않고 이드에 기울면 슈퍼에고가 불편해한다. 이것이 우리 삶이 녹록지 않은 이유이자 정신 질환의 원인이며 불행의 원인이다. 그러므로 에고와 이드, 슈퍼에고는 독립된 권력이 아니라 서로 눈치를 보면서 타협해야 하는 그물망을 이루고 있다. 프로이트의 「과학적 심리학 초고」는 최근의 뇌과학에서 어떻게 반복되는가?

프로이트
이후

몸의 기억을 떠나온 인간에게 기원은 이미 재현이었다. 고유한 기원은 없다. 캔델이 말하듯 모든 서사적 기억은 시간을 따르는 해마와 저장을 업데이트하는 전두엽에 의해 생성된다. 진화는 뇌의 진화이며 의식의 진화는 전두엽을 비롯한 상부 피질의 발달이다. 프로이트의 「과학적 심리학 초고」와 기억에 관한 사유는 뇌 영상 기술이 발달한 최근에도 비슷하게 반복되고 있다. 조금 더 특정 부분의 뉴런에 집중할 뿐이다.

20세기 후반 자크 데리다가 '해체' '차이' '차연'과 같이 현란한 용어를 앞세울 때는 아무도 그의 이론이 「과학적 심리학 초고」나 「신비한 글쓰기 패드에 관한 노트」에 뿌리내리고 있음을 알아채지 못했다. 그러나 독창성이란 어느 날 하늘에서 툭 떨어지는 선물 보따리가 아니다. '차이Difference'는 프로이트가 말한 기억의 원리인 의식과 흔적의 상호 배타성에서 나온다. 단일하고 고유한 기원은 없다. 왜냐

하면 인식은 의식과 흔적으로 분리된 서사적 기억에서 나오고 그것이 '차이'를 만들기 때문이다. 그리고 의식은 끝없이 흐른다. 그렇기에 대상에 대한 우리 인식은 차이가 자꾸만 지연되는 차연Differance이라 할 수 있다. 따라서 모든 고유성, 기원, 단일한 주체와 권력은 해체Deconstruction된다. [6]

여성운동, 제3세계 운동, 흑인 민권운동, 동성애 해방운동 등 고유한 단일성(혹은 중심주의)을 해체하는 정치적 개혁운동이 반세기 동안 지속되었다. 그사이 개혁은 어느 정도 성공했으나 인종과 성차의 갈등이 커지고 증오가 확산됐다. 기술 산업의 발달로 세계화는 경쟁을 증폭시켰다. 모든 패러다임이 그렇듯 선의로 시작했으나 시간이 흐르면서 심각한 문제점을 낳았다. 대립, 갈등, 증오로 정신 질환이 늘어나며 새로운 패러다임이 필요해졌다. 차이가 아닌 보편성을 찾고 마음을 치유하는 패러다임이다.

21세기는 "나는 누구인가"라는 물음에서 시작한다. 인류의 보편성을 찾는 새로운 패러다임은 감정, 기억, 공감을 중시한다. 증오를 이해와 공감으로 전환하려는 시도다. 뇌의 내부를 조명하는 기술 장비의 발전으로 뇌과학이 발달하고 심리학과 생물학이 융합된다. 문학을 비롯한 예술이 치유의 수단이 된다. 문학과 과학의 경계가 무너지고, 마음을 과학의 영역으로 끌어낸 프로이트가 다시 주목받는다. 그동안 묻혀왔던 「과학적 심리학 초고」가 재조명되고 그의 사례연구

---

6 Jacques Derrida, "Freud and the Scene of Writing," *Writing and Difference*. Trans. Alan Bass, Chicago: University of Chicago Press, 1978.

가 주목을 받는다.

우리가 보는 것, 느끼는 것이 세상의 전부는 아니다. 우리는 조상에게 물려받은 유전자, 역사와 문화로부터 얻는 지식, 그리고 살아가는 동안의 경험으로 세상과 타인을 이해한다. 이것이 최근 뇌과학자들이 공감하는 명제다. 토마스 메칭거는 『에고라는 터널The Ego Tunnel』에서 자아는 풍요한 외적 현실과 깊이를 전부 수용하지 못하며 생존을 위해 오직 부분적으로 수용할 뿐이라고 말한다. 어둑한 동굴에 갇힌 죄수들이 이데아의 그림자를 보며 저것이 진리라고 착각하듯 플라톤의 동굴은 자아의 긴 터널로 재해석된다. 내가 보는 것이 세상의 전부가 아니고 내가 보는 것과 동물들이 보는 것이 다르며 내가 보는 것은 주관적이고 항상 변한다. 이것이 프로이트와 제임스, 최근의 뇌과학에서 공통되는 화두다.

안타깝게도 우리는 이런 진실을 잊고 산다. 의식의 임무는 바로 지금 부딪히는 현실에 적절히 대응하는 것이고 시간은 빠르게 지나간다. 나를 의심하고 망설이기에는 너무 바쁘다. 그래서 의식은 의심을 싫어한다. 다행히 진화는 시간이 흐르면 내가 잘못 판단했음을 깨닫도록 하는 시스템을 개발했다. 자기 자신을 되돌아보는 일인칭 시점이라는 인지 시스템, 바로 자의식Self-Consciousness이다. 의식은 자의식이다.

살아 계시는 동안 부모님을 자주 찾아뵈라는 말은 진리지만 우리는 때늦게 후회한다. 죽음은 섬겨야 할 절대 주인이지만 우리는 알면서도 모르는 것처럼 살아간다.

프로이트가 즐겨 사용하는 유아기 성도 어린 시절의 경험이지만 성인에게 여전히 남아 있다. 철이 들면 억압되지만 흔적으로 남는다. 예를 들어 어머니에 대한 옛정이 남아 있기에 남녀는 사랑에 빠지고 결혼하고 실망하고 후회한다. 관능의 성향은 증오, 애정의 성향은 사랑이기에 이 둘이 충돌하는 것이다. 전희와 후배위 성교 등 우리에게는 동물의 그림자가 여전히 남아 있지만 우리는 아닌 척하며 산다. 프로이트는 성인의 법과 이성으로는 설명할 수 없는 증상들을 설명하기 위해 시간을 거슬러 올라가 유아기 성이라는 무의식을 설정했는지도 모른다.

철이 드는 건 힘든 일이다. 3, 4세쯤 되면 아이는 자기 자신을 돌아보고 내 것과 남의 것을 구별하면서 남의 눈치를 보기 시작한다. 고독한 개인이 되어 세상과 어울려 사는 것이다. 이것이 자의식, 툴빙의 용어로는 '전지적 의식'의 탄생이다(1997). 그가 설명하는 자의식의 발달 단계는 프로이트가 주장한 유아기 망각과 비슷하다. 유아는 4개월경부터 거울을 가지고 놀지만 거울에 비친 자기 모습을 알아보지는 못한다. 거울 단계다(1997: 343). 8개월쯤 되면 단순한 지식을 습득하기 시작하지만 18개월까지 자의식은 생기지 않는다. 자의식이란 서사적 기억을 유도하는 전지적 의식으로 '나'라는 개인 의식이 태어나는 순간이다.

툴빙의 이런 추측은 프로이트의 추측과 거의 같다. 늑대인간이 하녀 그루샤가 마루에 엎드려 청소하는 장면을 기억한 것은 두 살 반쯤의 일이었다. 그 장면은 후에 비슷한 자세의 소녀에게 강한 충동을 느끼는 것으로 반복된다. 의식이 감추었어도 경험은 몸의 기억으로 남아 있었던 것이다. 그리고 그 자세의 원형은 한 살 반쯤에 목격한 어머니의 자세였다. 물론 원초적 장면은 분석자가 추론해낸 서사적 기억이다. 그러니 그루샤 장면이라는 하부의 기억으로 원초적 장면이라는 상부의 기억을 확인한 것이다.

제임스에게 몸의 기억과 서사적 기억은 하부 피질에 저장된 일차적 기억(혹은 습관), 그리고 상부 피질이 개입된 이차적 기억이었다. 뇌과학에서 이 두 가지 기억은 조금씩 다른 이름으로 불린다. 대니얼 색터는 무의식적 기억과 의식적 기억으로 나눈다. 시간을 따르는 해마와 시간을 따르지 않는 상부 피질이 서로 접촉해 이루어지는 의식적 기억은 이미지로 구성되기에 허구가 개입된다.[7] 캔델은 암묵적 기억Implicit Memory과 명시적 기억Explicit Memory으로 구분한다(『기억을 찾아서』). 암묵적 기억은 편도체와 선조체, 소뇌에 의존하며 행동으로 나타난다. 명시적 기억에는 두 가지 종류가 있는데 전전두엽이 단기기억을 담당하고 해마는 단기기억을 장기기억으로 변환한 후 각각 감각뉴런에 보내 저장한다.

제럴드 에덜먼은 원초적 의식과 고등 의식으로 구분한다. 그는 진화란 인구가 늘어나 열악해진 환경과 경쟁에서 살아남기 위해 뇌의 구조가 변하는 것이라며 자연선택이라는 의미에서 뉴런 다위니즘을

---

7   Two brain regions are relevant to phenomena of constructive memory. The medial temporal lobes including hippocampus are interconnected with the frontal lobes. "We have suggested further that medial temporal regions play important roles in various aspect of these component process."(293) From Daniel L. Schacter, Kenneth A. Norman, and Wilma Koutstaal. "The Cognitive Neuroscience of Constructive Memory." *Annu.Rev.Psychol* 49(1998): 289-318.

주장했다. 그리고 『세컨드 네이처』에서 과학적 상상력은 곧 인문학적 상상력이라 주장한다(156). 그는 이렇듯 인문학과 과학을 융합할 뿐 아니라 뇌과학과 심리학을 같은 인식론으로 보기도 했다. 진실을 추구하는 본능인 의식은 혼돈 속에서 질서를 찾아낸다. 흩어진 상황을 자동적으로 시간에 따라 배열한다. 슈제트Syuzhet(예술의 형식)에서 파불라Fobula(내용)를 찾는 행위다. 인지를 위해 사건을 시간 순서로 배열하는 수행은 경험이 저장된 감각기관들이 서로 접촉할 때 일어난다. 같은 맥락에서 야크 판크세프에게 몸의 기억은 '정서 의식'이고 서사적 기억은 '인지 의식'이다.

마우로 만치아에 따르면 변연계의 편도체는 외부 자극에 대한 몸의 반응인 감정Emotions과 암묵적 기억을 담당하고 그 옆에 붙은 해마는 명시적 기억을 위한 정보를 선택, 저장한다고 한다. 유아는 대략 두 살부터 해마가 발달하기 시작하며 이때 몸의 기억은 무의식으로 억압되고 명시적 기억으로 연결된다.[8]

감정은 항상성을 유지하기 위한 몸의 반응으로 뇌의 하부에 속하는 뚫고 들어갈 수 없는 뉴런이다. 편도체는 이 무의식적 반응을 옆에 붙은 해마에 전달하고 해마는 경험을 저장한 상부 피질(주로 전

---

8   Mancia, Mauro. *Feeling the Words: Neuropsychoanalytic Understanding of Memory and the Unconscious*. Trans. Judy Baggott. New York: Routledge, 2007. The amygdala is responsible for the emotion and the implicit memory circuit, while the hippocampus selects and codifies information for the explicit memory. The repressed unconscious is connected to explicit memory, once the child has reached the age of two(29).

두엽)의 도움으로 감정을 해석한다. 이것이 느낌Feeling이다. 최근 뇌과학은 느낌이 판단과 별반 다르지 않다고 주장한다. 이러한 감정과 느낌 역시 뇌가 하부에서 상부로 진화했다는 것을 증명한다. 이 부분은 나의 전작 『감정 연구』에서 자세히 밝혔으므로 여기에서는 기억에만 집중하겠다.

지금껏 살펴보았듯 뇌는 하부에서 상부로 진화했기에 하부가 주인이다. 아래층이 무너지면 위층도 무너진다. 다만 아래층의 주인은 말을 하지 않는다. 우리가 이 침묵에 주목하지 않으면 층계는 무너지고 아래와 위의 소통은 막히는 것이다. 뇌가 하부와 상부의 균형을 잃으면 정신 질환이 생긴다. 아래층에 갇히면 조현병, 위층에 갇히면 도착증이나 사이코패스다. 아래층만 있으면 혼돈이고 위층만 있으면 경직이다. 우리는 경직과 혼돈 사이를 흐르는 강물이다. 혼돈과 경직 사이를 흐르는 또 하나의 소통과 균형은 뇌가 진화한 순서다. 우리는 지금까지 오른손이 옳다고 믿어왔지 않나? '상하좌우'가 아니라 '하상우좌'가 심리와 뇌의 구조라는 것을 다음 장에서 살펴본다.

2장

뇌는 우반구에서 좌반구로 진화했다

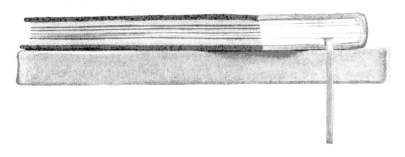

러시아 작가 니콜라이 레스코프는 우리한테 톨스토이와 도스토옙스키만큼 잘 알려진 작가는 아니다. 그러나 그의 독특한 문체와 작품들은 러시아의 관료 계급을 비판하고 잔인한 농노제와 비참한 하층민의 세계를 생생하게 풍자했다. 그의 작품을 읽고 있으면 머지않아 있을 볼셰비키 혁명이 일어날 수밖에 없었다고 느끼게 된다. 그래서일까, 동시대에 살았던 톨스토이는 그를 "미래의 작가"라고 예언했다. 1881년에 발표한 레스코프의 단편 『왼손잡이』는 러시아인들이 가장 아끼는 작품으로 알려져 있다. 그 단편은 기술 문명의 발달이 인간의 영혼을 넘어서버린 오늘날에 중요한 암시를 던진다. 기술이 돈을 위해 의식을 균일화하려 할 때, 개인의 가치와 영혼을 다루는 인문학이 뒷받침되지 않으면 커다란 재앙을 맞을 거라는 예언이다.

　작품 속에서 이름조차 부여받지 못한 사팔뜨기 왼손잡이는 그의 사회에서 푸대접을 받는다. 하지만 그가 보여준 숭고한 인간성은 우리가 무엇을 잃어가는지 짚어준다. 특히 앞으로 살펴볼 두 권의 뇌과학 책은 그가 미래의 작가라는 톨스토이의 예언을 증명하는 듯하다. 뇌의 우반구를 상징하는 왼손잡이는 기술 문명을 앞세운 좌반구(바른손)의 오만에 경고를 보낸다. 이제 작품 속으로 들어가보자.

알렉산드르 파블로비치 황제가 빈 회의를 마치고 유럽을 여행할 때 영국은 기술을 자랑하며 왕의 마음을 사려 한다. 플리토프 대신은 빨리 귀국하고 싶지만 왕은 영국인의 자랑에 말려들고, 현미경으로만 보이는 티끌 같은 인공 벼룩을 선사받는다. 벼룩 안에는 용수철이 들어 있어 열쇠를 돌리면 벼룩이 춤을 추었다. 왕은 대가로 100만 루블을 준다. 계산적인 영국인들은 5000루블을 더 받고 그걸 호두 안에 넣어 가져가게 한다. 형이 죽고 왕이 된 니콜라이 황제는 러시아에 대한 자부심이 강한 총명한 사람이었다. 그는 물려받은 벼룩을 보고 러시아가 영국보다 더 뛰어난 기술을 보여주길 원한다. 플리토프 대신에게 황제의 뜻을 전해 들은 툴라의 무기 제조공들은 특히나 기술이 뛰어난 장인 세 명을 선발한다. 관료와 대신들이 중간에서 어떤 수작을 부릴지 잘 알기에 작업을 마친 세 사람은 자신들의 기술을 왕에게만 직접 보여주겠다고 주장한다.

그들 가운데 가장 뛰어난 사팔뜨기 왼손잡이는 일을 배울 때 대신에게 머리털이 다 뽑혔었다. 그는 바짓가랑이가 한쪽만 장화 속에 들어가고 다른 쪽은 밖으로 삐져나오는 낡은 옷에 호크가 다 떨어지고 찢겨나간 외투를 걸친 초라한 모습으로 황제 앞에 서지만 자신의 외모를 전혀 개의치 않는다. 관료들이 겉치레와 외모에 치중하는

데 반해 그는 내적인 실력에 긍지를 느끼고 있었다. 세 장인은 왕에게 자신들의 기술을 선보인다. 현미경으로 보니 티끌만 한 영국제 벼룩에 편자가 박혀 있다. 500만 배로 더 성능이 좋은 현미경으로 보니 편자 하나하나에 장인들의 이름이 새겨져 있다. 그러면 왼손잡이, 네가 한 일은 무엇인가? 왕은 묻는다. 그는 편자들을 박는 못을 만들었다. 그 못은 너무 작아 세상의 어떤 현미경으로도 볼 수 없었다. 여기서 작가는 신화에서 모티브를 얻어 과장법을 쓴다. 가난하고 비천한 왼손잡이의 기술은 보편화되고 돈으로 사고파는 평범한 것이 아니라 천재만이 가진 기술로 관료들에게는 없는 상상력과 몰입, 그리고 책임감과 의무를 포함한다고 말하고 싶었던 것이다.

왕은 당장 영국에 그 벼룩을 가지고 가서 러시아의 뛰어난 기술을 보이라고 명령한다. 왼손잡이는 여행 도중 많이 먹어보지 못한 술을 마음껏 마시고 다른 음식은 먹지 않는다. 그는 자신을 돌보는 법을 모른다. 한 번도 그럴 기회가 없었기 때문이다. 체계적으로 배운 건 아니라도 천재적인 솜씨의 왼손잡이에게 영국인들은 찬사를 보낸다. 그는 영국의 노동자들이 인간적인 대우를 받고 편히 일할 수 있는 환경을 제공받는 것을 보았다. 영국인들은 그를 붙잡기 위해 새로운 기술들을 보여주지만, 그에게는 옛 무기들이 어떻게 보존되고 있는지가 더 중요했다. 왼손잡이는 온갖 권유를 뿌리치고 그리운 모국으로 돌아온다. 얼마나 고국을 그리워했던지 돌아오는 내내 갑판 위에서 러시아가 있는 쪽만 바라보았다. 갑판장은 그런 그에게 감탄해 술 내기를 제안하고, 두 사람은 술만 먹느라 몸을 해친다. 도착한 후 갑판장은 영국인 의사에게 치료를 받는다. 반면, 여권조차 없는 왼손잡이는 방치되고 물건처럼 취급받다가 병이 악화되어 죽는다. 천재를 인정해주지 않고 오직 계층과 외양으로만 사람을 대하는 차별적인 사회였기 때문이다. 아픈 몸으로 죽기 전 왼손잡이는 황제께 말 한마디를 전해달라고 부탁한다. 영국인들은 총기를 벽돌 가루로 닦지 않으니 우리도 그래야 한다는 것이었다. 하지만 태만하고 무책임한 대신들은 그 말을 무시해버린다.

화자의 마지막 말은 이렇다. 이름조차 모르는 왼손잡이 민초의 상상력과 애국심은 이제 더는 존재하지 않는다. "기계 문명이 제각기 다른 재능과 소질들을 균일화시킨 데다가 천재들이 더 이상 근면과 정확성을 위한 싸움에 투신하지 않기 때문이다."(이상훈 옮김, 78-79). 개인차와 인간적인 영혼을 동반하지 않은 기술 문명이라니! 바로 오늘날의 이야기 아닌가. 화자는 산업화가 시작되던 영국뿐 아니라 전 지구적으로 퍼진 기술 문명 사회의 역사를 암시하고 있다. AI가 대학의 캠퍼스에 침입해 인문학이 설 자리를 잃는 오늘의 현실도 예외는 아니다.

그렇다면 최근의 뇌과학은 이렇듯 기술에 익숙한 오른손 편중화를 어떻게 보고 있을까? 이제부터 좌측 전전두엽과 우측 전전두엽을 편의상 좌반구, 우반구라고 부르겠다. 조금이라도 간편하게 설명하기 위해서다.

왼손잡이를
위한 애도

우리 주변의 거의 모든 시설은 오른손으로 사용하도록 만들어져 있다. 사람들은 대부분 왼손잡이의 입장에 대한 고려 없이 무심코, 그리고 당연하게 냉장고 문을 열고 가위질을 하고 운전을 한다. 경례할 때면 자동으로 오른손이 올라가고 악수할 때도 오른손이 나온다. 인도나 이슬람 국가에서는 오른손으로 음식을 먹고 왼손은 화장실에서 볼일을 볼 때 사용한다. 인류의 10퍼센트 남짓인 왼손잡이를 위한 시설은 따로 마련되어 있지 않다. 왼손잡이로 태어나면 오른손을 쓰도록 훈련받아야만 했다. 아들이 왼손으로 숟가락을 들면 어머니는 걱정스러운 눈으로 즉시 시정을 명령했다. 학생이 왼손으로 글씨를 쓰면 선생님은 당연히 고쳐줘야 한다고 믿었다. 오른손은 '옳은 것'이고 영어로도 'right'다. 그러니 왼손은 그르다. 이런 분위기는 내가 어릴 때 자주 보던 풍경이었는데, 아마 유럽이나 미국에서도 그랬던 모양이다.

미셸 피크말의 『난 왼손잡이야 그게 어때서?』에 따르면 왼손잡이에 대한 편견은 서구 사회에서도 심했다. 억압이 시작된 건 '예의범절'이라는 개념이 생긴 르네상스 시대부터였는데, 식탁이나 사교 모임에서 왼손을 사용하는 건 상식에 어긋나는 행동으로 여겨졌다. 19세기부터는 학교에서도 오른손만 사용해야 했고, 어쩌다 왼손이 나가면 자로 때리거나 등 뒤에 묶어놓기도 하면서 습관을 고치려 했다. 20세기 들어 오스트레일리아는 세계 최초로 학교에서 왼손으로 글씨 쓰는 걸 허락했다. 미국은 1920년경 이에 동참했고, 1960년대에 이르러 유럽도 왼손잡이를 받아들였다고 한다.

이런 관습은 '동서남북'이라는 말에도 나타나고 종교에도 나타난다. 해는 오른쪽에서 뜨고 왼쪽으로 진다. 유대교와 기독교에서는 왼쪽은 악, 오른쪽은 선이라는 상징성을 더욱 강조한다. 르네상스 시대의 화가 레오나르도 다빈치는 왼손잡이였던 걸로 밝혀졌는데, 그가 그린 모나리자는 신비한 미소 아래 오른손으로 왼손을 살포시 덮고 있다. 유명한 예술가, 정치가, 사업가, 배우, 운동선수들 가운데 의외로 왼손잡이가 적지 않다. 미켈란젤로, 뉴턴, 아인슈타인……. 버락 오바마가 왼손으로 글씨 쓰는 장면은 눈에 선하다. 빌 클린턴, 빌 게이츠, 스티브 잡스, 찰리 채플린, 매릴린 먼로, 오프라 윈프리, 톰 크루즈, 앤젤리나 졸리, 니콜 키드먼, 그리고 야구선수 이승엽도 왼손잡이로 알려져 있다.

오른손잡이의 비율은 전체 인구의 약 87퍼센트로 추정된다. 왜 오른쪽이 우세해졌을까? 미셸 피크말은 두 가지를 근거로 제시하는데, 생물학적인 요소와 역사, 문화가 나란히 가는 방식을 보여주어 흥미롭다. 첫 번째 근거는 수천 년에 걸친 인류의 진화로부터 시작한다. 청동기 시대의 전사들은 한 손엔 칼을, 다른 손엔 방패를 들고 싸웠다. 이때 몸 왼쪽에 위치한 심장을 보호하기 위해 왼손으로 방패를 잡았고, 오른손으로는 칼을 쥐었다. 사실 방패와 칼은 목숨을 지키는 데 똑같이 중요하지만, 칼을 잘 쓰는 것이 더 중요하다는 인식이 있다. 어른들은 아이들이 칼을 잘 사용하게끔 오른손을 많이 사용하도록 훈련시켰다. 이런 근거는 왼손에 든 방패보다 오른손에 든 칼이 더 중요해진 인류의 역사를 설명해준다. 오른손은 개인의 목숨뿐 아니라 국가를 지키기 위해 절대적으로 필요했을 것이다. 계급사회일수록 더욱 그렇다. 왕권과 귀족을 위해서는 노예의 심장보다 칼의 힘이 더 필요했을 테니까. 우리는 수많은 전투와 전쟁에서 방패보다 칼이 더 센 것을 봐왔다. 문명의 역사는 힘의 역사였다.

오른손이 더 우세해진 두 번째 근거 역시 생물학적이고 진화론적이다. 태아가 엄마 배 속에 있을 때의 위치와 관계되기 때문이다. 태아는 대부분 왼쪽 귀가 엄마 심장 쪽을 향해 있고, 오른쪽 귀로는 바깥의 소리를 듣는다. 왼손은 엄마 배에 대고 있는 반면 오른손은 훨씬 더 자유롭게 움직일 수 있으니 오른손잡이가 많이 태어난다는 것이다.

엄마의 심장은 방패고 바깥의 소리는 칼이다. 엄마의 가슴이 유아기 애정과 정서를 포함하는 무의식이라면 바깥의 소리는 철이 들어 세상을 인지하는 현실원칙이요 의식이다. 개인화와 사회화가 동시에 일어나고 서사적 기억이 발달하는 이 시기에 오이디푸스 콤플렉스가 개입한다. 아이가 어머니와 한 몸이 되고 싶은 본능을 억압하고 아버지의 질서와 법을 따라 사회인이 되면서 느끼는 불안이다. 프로이트를 비롯한 정신분석가들은 엄마의 심장 소리가 애정과 돌봄을 의미하고, 유아기에 받는 사랑이 정상적으로 살아가는 데 도움이 된다고 본다. 그러나 아이는 어머니의 심장보다 바깥세상에 적응하는 법을 더 많이 배우게 된다. 권력, 돈, 학력 등의 경쟁이 일어나는 사회에서 살아남기 위해 오른손을 더 자유롭게 사용하도록 교육받고 오른손을 중시하게 된 것이다.

방패보다 칼, 심장보다 바깥세상을 더 중시하는 문화는 여성보다 남성이 중시되는 성차의 역사를 낳고, 내적인 실력보다 외적인 생김새와 가문을, 모호성보다 분명한 것을, 전통보다 기능과 합리성을 강조하는 사회로의 발전을 이끈다. 우위였던 인문학이 기술 문명에 의해 천시되는 컴퓨터와 AI 시대에는 이런 경향이 극에 달한 것 같다. 20세기까지는 인문학이 여전히 중시되었고 기술과학 못지않은 대접을 받았다. 그러나 지금은 어떤가. 우울증을 비롯한 정신 질환이 많아진 이유도 여기에 있다. 지금은 인간의 영혼이 기계와 경쟁하는 시대다.

왼손이 열등하게 취급받는 사회에서 10퍼센트의 비율로 태어나는 왼손잡이 가운데 뛰어난 예술가와 정치가, 사업가, 배우, 운동선수가 많은 이유는 무엇일까. 왼손잡이는 오른손잡이보다 뇌량이 더 발달해 있다. 뇌량이란 좌뇌와 우뇌를 이어주는 신경 섬유 다발로 둘을 이어주는 다리라고 볼 수 있다. 뇌량이 튼튼하면 양쪽 뇌가 더 조화롭게 소통하고 공존한다. 오바마처럼 공감과 배려심을 발휘하는 것은 물론 빌 게이츠처럼 많은 정보를 빠르게 분석하는 데에도 왼손잡이가 더 유리하다. 양쪽 뇌를 조화롭게 사용하기 때문에 좌뇌만 발달시키는 오른손잡이에 비해 기존 것들을 뛰어넘는 상상력을 드러내는 때가 더 많다. 아인슈타인과 같은 창조적인 과학자나 지미 헨드릭스도 같은 예술가를 예로 들 수 있다. 예술가 중 왼손잡이가 많은 것 역시 양쪽 뇌의 소통과 조화 덕분이다. 예술은 공감에 바탕을 두고 무의식을 의식과 연결하는 창조성에 바탕을 두기 때문이다. 뇌량은 아래층에서 위층으로 올라가는 계단이다. 그런데 이 층계는 그리 단순하지 않다.

진화는 뇌의 하부에서 상부로, 우측 뇌(왼손)에서 좌측 뇌(오른손)로 진행되었다. 우측 전두엽과 좌측 전두엽이 어느 한쪽으로 치우치지 않고 균형을 이룰 때 창조성과 상상력이 풍부해지고 공감과 예술이 태어난다. 이제 심리학과 뇌과학으로 이러한 사실을 증명해보자.

균형을 위한 뇌과학:
우반구의 중요성

1895년에 마음을 뉴런의 원리로 설명한 프로이트는 흔히 무의식의 발견자로 알려져 있다. '나는 생각하므로 존재한다'라는 데카르트의 의식을 '나는 무의식으로 생각한다'로 바꾼 프로이트는 사실 의식으로 세상을 전부 재현할 수는 없다는 선배들의 철학을 과학의 영역으로 끌어온 것뿐이다. 당시에 다른 학자들도 뉴런을 다루었지만, 그에 앞서 칸트(물자체), 헤겔(죽음), 쇼펜하우어(의지), 니체(디오니소스) 등 의식과 재현의 한계를 지적한 선배들이 있었다. 아니, 의식의 한계는 이미 플라톤의 이데아와 동굴 속 그림자로부터 시작된다. 프로이트가 독창적이었던 부분은 선배들의 이런 통찰을 진화론과 뇌과학의 영역으로 끌어내 무의식이라 부르고 실제 환자의 치료에 응용했다는 점이었다.

프로이트는 쇼펜하우어의 의지will를 '리비도'라 부르고 유아기 성,

성 본능, 애정 성향, 쾌락 원칙, 이드 등 진화 이전의 동물성이 담긴 무의식을 인간을 움직이는 동력으로 보았다. 그리고 '기억하기'라는 뇌의 진화된 기능을 바탕으로 '대화 요법Talking Cure'을 개발해 환자의 심리를 치료하는 정신분석을 개척했다. 물론 이런 진로의 바탕에는 뉴런의 원리가 있었다.

무의식은 의식보다 강하기에 형태를 달리해 의식과 공존한다. 프로이트에게 자의식이란 유아기 기억을 몸에 남기고 서사적 기억으로 들어서면서 개체화가 시작되고 사회 속으로 진입할 때 나오는 것이다. 여기에서 한 가지 중요한 것은 자아와 대상을 구별하지 못하는 유아기의 거울 단계(6개월에서 18개월 사이)가 착각이기는 해도 성장 후 법과 사회에 저항하는 상상력과 독창성의 근원이 된다는 점이다. 거울 단계라는 무의식은 뇌 그림에서 이드로 표시되며 변연계 아래에 속한다. 그리고 이드, 에고, 슈퍼에고는 뇌의 하부에서 상부로 진화한다. 프로이트는 뇌의 우반구와 좌반구에 대해서는 논의하지 않았다. 당시에는 뇌 안을 영상으로 투시하는 기능적 자기공명영상이나 양전자 방출 단층촬영술PET 등의 기술이 나오기 전이었기 때문일 것이다.

뇌과학자 에릭 캔델은 좌우 전두엽의 뇌 기능이 다르며 각기 반대쪽 신체에 영향을 준다고 말한다. 그보다 조금 앞서 이 부분을 집중적으로 조명한 과학자는 엔델 툴빙이었다. 그는 1997년 논문에서 진화가 우반구에서 좌반구로 진행되었으며 따라서 왼손이 더 중요하다고 말한다. 그리고 왼쪽 전전두엽의 기능을 '의미적 기억the Semantic Memory', 우측 전전두엽의 기능을 자의식적 기억인 '삽화적 기억the

Episodic Memory'으로 정의한다. 대니얼 색터 역시 우측 전전두엽이 서사적 기억을 인출한다고, 또한 진화의 시작이었다고 밝힌다. 전두엽에 치중한 툴빙과 달리 그는 중뇌에 주목한다. 중뇌는 이층집의 층계에 해당되는 부분인데, 감정을 담당하는 편도체와 기억을 담당하는 해마가 주역이다. 해마와 전전두엽의 소통으로 서사적 기억이 구성된다는 그의 주장은 흥미롭게도 프로이트가 「과학적 심리학 초고」에서 밝힌 기억의 원리를 떠올리게 한다. 외부 자극을 받아들이는 뉴런과 그것을 저장하는 뉴런이 분리되어 있다는 견해다.

제럴드 에덜먼 역시 좌우 반구의 기능 차이도 연구되어야 한다고 주장한다(112). 그는 최초의 사유는 은유이고 그다음에 언어, 논리와 수학이 발전한다고 말하는데, 이것은 진화가 우반구에서 좌반구로 진행되었다는 뜻이다. 우측은 은유를 담당하고 좌측은 언어와 논리, 수학을 담당하기 때문이다. 여기서 한 가지 의문점이 생긴다. 서사적 기억이나 은유는 진화를 통해 얻어지는 것으로 자의식적인 인간이 되면서 만들어지는데, 어째서 진화에서는 그것이 먼저 오고 논리와 수학이 그다음에 오는가? 고개가 갸우뚱해진다. 우반구(왼손)가 먼저고 좌반구(오른손)가 그다음이라는 것은 알 것 같은데……. 아무튼 설명이 더 필요하다. 툴빙을 좀더 쫓아가보자.

인공지능은 할 수 없는
서사적 기억

좌우 전두엽의 기능 차이를 집중적으로 연구한 툴빙은 양전자 방출 단층촬영술과 기능적 자기공명영상을 통해 인간의 기억에서 전전두피질이 중요하다는 것을 발견한다. 잊어서는 안 될 분업이 드러난 것이다. 좌반구는 의미적 기억을 저장하고 인출하며 서사적 기억을 저장한다. 남은 것은 서사적 기억의 '인출'뿐이다. 우반구가 바로 이것을 맡는다. 말하자면 서사적 기억만 저장과 인출이 분리되는 것이다(138). 좌반구는 지식과 단어를 인지하는 순간 회상을 위해 저장한다(139). 감정의 영향을 받아 깊이 저장될 수도 있고 얕게 저장될 수도 있다. 충격적인 일이나 사랑은 깊이 저장되고 얕게 저장된 것은 훗날 인출되지 않는다.

짝사랑의 고통은 처음에는 깊이 저장되지만 혼자만의 감정이기에 점점 옅어지며 조금씩 잊힌다. 서로 사랑한 사이라면 증오가 흠모의 짝이기에 이보다 깊이 저장된다. 상처 때문에 원치 않는 경험이 반복된다면 트라우마가 되어 일상생활에 지장을 주기도 한다. 사회가 금지한 기억은 억압되기에 본인이 잘 알지 못한다. 따라서 분석가는 대화로 억압된 기억을 떠올리게 해 신경증의 원인을 밝힌다. 나이가 들수록 사람이나 장소의 이름이 잘 떠오르지 않는 것에도 뇌과학적 원리가 있다. 뇌는 명사를 얕게 저장하고 동사는 깊게 저장한다. 아마도 명사는 사용 빈도가 적고 다른 언어와 연결되지 않지만, 동사는 연결어라서 사용 빈도가 많고 중요하기 때문일 것이다. 뇌는 영리하다.

툴빙은 1997년 논문 「삽화적 기억이론을 향해」에서 의식의 진화를 '전지적 의식'이라는 용어로 설명했다. 전지적 의식은 일반적으로 자의식이라 부르는 의식으로, 과거를 현재 입장에서 회상하고 현재 상황을 과거의 경험으로 해석하며 미래를 예측하는 정신적 시간 여행을 이끈다. 여기서 인간 의식의 진화가 동물과 차별화된다. 자의식은 자신을 돌아보는 개인적 감흥이다. 따라서 경험으로 판단하며 목적을 갖고 계획을 세운다. 툴빙에 따르면 우측 전두엽은 다음 세 가지 기능을 한다. 정보를 유지하고 뇌의 전체적인 기능을 연결한다. 더 높은 차원에서 자아를 감독하며, 문제에 부딪히면 판단하고 조정하고 처리한다. 결국 자의식이란 개인이 사회에서 남과 어울려 살아가는 존재임을 의식하는 것이다(334).

이처럼 전지적 의식은 우반구의 주요 기능이다. 우측 해마는 시간을 따라가면서 좌측이 저장한 과거의 경험을 인출하는데 이것이 회상이다. 우리는 과거를 되돌아보고 미래를 구상하면서 더 높은 차원의 목적을 가진 인간이 된다. 왼손이 바로 이 전지적 의식에 속한다. 좌반구는 모든 경험을 기억의 흔적으로 부호화한다. 이 가운데 오직 우반구만이 서사적 기억을 인출하기에 좌반구와 우반구는 서사적 기억에서만 접촉한다. 툴빙은 이런 현상을 '헤라HERA, Hemispheric Encoding & Retrieval Asymmetry 패턴'이라 부른다. 저장과 인출이 두 반구 사이에서 상호 배타적인 관계에 있다는 것이다. 두 개로 분리되어 있으면서 서로 접속해 하나로 흐르는 것, 즉 이원적 일원론을 상호 배타적이라고 표현하기도 한다.

의미적 기억과 서사적 기억을 저장하는 좌반구는 오른손을 담당한다. 여기서 의미적 기억이란 무엇인가. 동물적 본능과 습관을 형성하고 지식을 습득할 때 만들어지는 기억이다. 몸의 기억, 물질성, 본능 등 유기체가 살아가는 데 필요한 조건들을 저장하고 인출할 때 쓰인다. 의미적 기억은 시간의 흐름을 따르지 않기에 변함없고 단순하며 기능적이다. 인류 역사에서 좌반구의 의미적 기억은 학문의 발전이라는 중요한 역할을 했다. 다른 한편 의미적 기억은 무기와 과학기술을 고안해 전쟁을 수행하고 자본의 수단으로 과학기술을 발달시킨 기억이기도 하다. 그것이 오늘날 컴퓨터와 AI의 출현으로 이어진다. 창조주인 인간보다 의미적 기억이 몇 배나 뛰어난 인공지능이 만들어졌다. 반면 서사적 기억을 인출하는 우반구는 진화의 산물이다. 저장된 기억을 시간의 흐름에 따라 인출하기 때문에 시간이 개입되고 허구가 개입된다. 오직 살아 있는 생물, 그 가운데서도 살아 있는 인간에게서만 가능한 기억이다.

기술이나 AI가 하는 일은 좌반구의 의미적 기억에 속한다. 데이터를 저장하고 정리하고 인출하는 컴퓨터 기술은 오른손의 기능이다. AI는 인간이 생존경쟁의 도구로서, 권력과 자본의 도구로서 발전시킨 의미적 기억이며, 오직 서사적 기억만이 AI가 흉내 낼 수 없는 인문학적 기억이다. 왼손을 담당하는 우반구는 무의식과 의식을 통합하여 예술과 문화를 만드는 원동력이다. 툴빙이 언급하듯 서사적 기억과 전지적 의식은 비록 과소평가되어왔으나 자연의 놀라운 걸작이다. 시적 상상력과 창조력은 오직 우반구가 인출하는 서사적 기억에서만 나타난다. 이것이 뛰어난 예술가와 정치가 가운데 왼손잡이가 많은 이유일 것이다.

우반구는 진화의 시작이었고 좌반구보다 더 우월하지만 괄시받아 왔다. 그러나 왼손잡이를 재평가하고 우반구와 좌반구의 균형을 중시해야 한다는 주장이 2010년의 두 책에 의해 본격화되고 더 정밀하게 다루어진다.

2010년 대니얼 시겔은 『마음을 여는 기술』을, 이언 맥길크리스트는 『주인과 심부름꾼』을 출간했다. 두 책은 강조점이나 입장은 조금 다를지언정 모두 10여 년 전 툴빙이 밝힌 두 반구의 차이로부터 시작한다. 시겔은 차이만큼 통합과 공감을 강조하며 해마를 끌어들인다. 맥길크리스트는 왼손이 왕이고 오른손은 심부름꾼인데 역사가 거꾸로 대접했으며 그 결과 오늘날과 같은 환경오염을 낳았다고 말한다. 현상학을 인지과학으로 끌어내면서 그는 예술이 왕이고 오른손의 능률과 기술과학은 왕의 심부름꾼에 불과하다고 주장한다.

에덜먼은 뇌의 상부 피질과 변연계의 시상에 중점을 두고 뇌를 그리지만, 시겔은 뇌의 한가운데를 중심으로 좌반구와 우반구의 연결고리를 본다. 그리고 자신과 타인이 함께하면서 열정과 연민을 품고 살아가려면 두 반구의 차이를 하나로 연결하는 통합의 기술이 필요하다고 말한다. 그 이유는 "다른 사람과의 공명은 실제로 자의식보다 먼저 생길지도 모르기" 때문이다(108). 자의식보다 공명이 먼저 온다니? 이 아리송한 표현을 한번 물고 늘어져보자.

공명이란 나의 감정이 너의 감정과 같은 줄을 튕기는 것이다. 자의식이란 나는 나고 너는 너라는 것이다. 그렇다면 모순되는 것 아닌가. 프로이트가 성을 리비도의 본질로 삼았던 것은 이런 모순된 감정이 사랑에서 가장 잘 드러나기 때문이다. 너를 사랑할 때 첫 번째로 고통스러운 건 공명을 이룰 수 없다는 점이다. 너는 너고 나는 나지만 연인은 언제나 내 곁에 있어야 하고 나와 같은 음식을 먹어야 하고 나와 같은 생각을 해야 하고 한 몸이 되어야 한다. 그러나 이런 소망은 현실에서 불가능하다. 너와 하나가 되고 싶지만 너와 나는 다르다는 모순이 고통의 근원이며, 이런 모순을 받아들이는 것이 고통에서 벗어나는 길이다.

프로이트는 이것을 쾌락원칙과 현실원칙의 충돌로 표현했다. 혹은 충돌하는 두 개의 나르시시즘으로 설명했다. 언제나 과학적 착상을 인문학인 신화에서 얻는 프로이트는 이 경우에도 예외가 아니다. 나르키소스 신화에서 주인공은 물 위에 비친 자기 모습에 반해 그것을 잡으려다 물에 빠져 죽는다. 뇌과학에서 말하는 유아기의 '거울 단계'다. 이것이 '원초적 나르시시즘'이다. 그러나 물 위에 비친 모습은 이상적인 타인이 아니고 바로 자신의 모습이다. 유아기의 이런 착각은 자의식이 싹트면서 무의식으로 억압된다. 이 단계가 '이차적 나르시시즘'이다. 후에 다루겠지만 '공감' 역시 이런 두 단계가 사회생활에서 타협하고 만나는 감정이다. 우리는 두 단계를 모두 지니고 살아간다. 이것이 남을 이해하기 어려운 이유다. 그의 모든 것을 알 수 없는데도 공명이 먼저 시작되었기에 안다고 착각하는 것이다.

프로이트는 또 다른 글 「그룹 심리학과 에고 분석」에서 공명을 '감정 감염'으로 표현하기도 했다. 집단은 에로스로 뭉친다. 원형이 동물의 무리에 근거하기에 대장을 중심으로 모든 구성원이 동일시되고 균등한 대우를 받는다. 집단 안에서는 개인성이 허락되지 않는다. 대장이 힘을 잃으면 환상이 깨지기에 모두 뿔뿔이 흩어진다. 반대로 에고는 자의식에서 출발하기에 각기 능력과 개성에 따라 자신의 삶을 펼쳐나간다. 그룹 심리는 자의식에 의해 억압되지만 언제나 삶의 현장에 공존한다. 예를 들어 광화문에서 축구 시합을 보는 군중은 시합 중에는 한마음이 되어 열광해도 시합이 끝나면 각자의 삶으로 돌아간다.

민주주의는 개인의 선택에 뿌리를 두지만 집단 무의식에 휘둘릴 때도 많다. 대중의 판단이 윤리와 자율성을 잃으면 파시즘으로 변질될 우려가 있다. 그렇다고 대중의 선택이 너무 우세해 통합을 잃으면 그 역시 혼돈 속으로 빠져 파시즘의 온상이 된다. 경직과 혼돈의 강둑 사이를 유연하게 흐르는 것이 공감이며 적절한 자의식이듯 민주주의 또한 적절한 균형을 이루어야 한다.

개인의 정신건강도 마찬가지다. 뇌의 두 반구가 통합을 이루지 못하고 어느 한쪽으로 치우칠 때 파시즘이 발생한다. 좌반구에 치우치면 사유와 감정이 경직되어 도착증이나 사이코패스가 되고, 우반구에 치우치면 혼돈이 일어나 사이코패스나 조현병을 유발한다. 이때 어느 한쪽으로 치우친다는 말은 두 반구가 분리되어 있음을 인정하지 않는다는 의미다. 통합이란 하나가 되는 것이 아니라 두 가지가 균형을 이루는 것이다. 시겔 또한 분리된 요소들의 연결이 정신건강을 좌우한다고 본다. 분화와 연결이 절묘하게 균형을 맞춘 노랫소리야말로 통합이 구현된 모습이다. "경직과 혼돈의 두 둑 사이를 흐르는 강물처럼 별개의 마음들이 하나로 조화를 이루며 끊임없이 흐른다"(113). 그럴 때 마음의 복잡한 구조가 생기를 잃지 않고 일상을 누리게 된다는 것이다.

진화란 이층집을 지은 것이며 아래층과 연결되는 층계는 복잡하다. 아래층은 금지된 영역이라 돌아서 내려가야 한다. 상부와 하부처럼 좌우 반구도 이원적 일원론을 따른다. 위층에 살면서 아래층을 무시하거나 없다고 착각하면 공감 대신 무자비한 경쟁과 공격성에 휘말린다. 이때 층계는 둘 사이를 연결하는 중계자다. 중계자는 편도체와 해마로 구성되는데 편도체는 감정을 담당하고 그 옆에 붙은 해마는 감정을 느낌으로 바꾼다. 특히 서사적 기억은 우측 해마가 좌측 해마에 저장된 경험을 인출할 때 일어나는 '시간'이라는 개념이다.

우측 전두엽은 분리된 아래층과 위층을 연결시키면서 정상인의 삶을 이끌어간다. 이때 아래층의 몸이 지닌 정서Affect는 가장 기본적인 몸의 반응이다. 외부 자극을 받으면 몸에 반응이 나타나는데 이 중 쾌와 불쾌, 고통과 편안함은 생존과 직결된 정서다. 유아기와 무의식, 아래층의 감흥은 우반구가 주로 담당한다. 정서는 원초적인 몸의 반응으로 이 부분이 손상되면 마음이 통합되지 못한다. 사이코패스는 정서에 이상이 생겨 좌반구만 비대해진 결과다. 또한 유아기에 어머니의 사랑을 받지 못하면 성인이 되어 분노 조절 장애와 폭력성이 나타난다. 이 역시 우반구에 이상이 생긴 결과로 타인과 공명하는 정서가 결핍된 것이다.

아래층과 위층의 수직적 소통만큼 우측과 좌측의 수평적 소통도 중요하다. 어린 시절 사랑을 받지 못한 사람은 정서 결핍으로 타인과 조화를 이루지 못하는데, 그런 사람이 계속 논리적이고 지적인 일에 종사하면 삶의 목적을 잃고 허무감에 빠지게 된다. 이 경우 좌뇌는 발달하지만 우뇌가 발달하지 못한다. 우리는 돈 많은 사람이 쾌락에

탐닉하거나 잘나가는 변호사가 삶의 공허를 느끼고 도박이나 마약 등 퇴폐적인 쾌락에 빠지거나 회사의 중역이 삶의 허무감에 빠지는 등 파국을 맞는 이들을 종종 목격한다. 논리와 능률을 다루는 일에 능숙해질수록 우반구의 허구와 상상력이 뒷받침되어야 한다. 인문학과 예술은 좌뇌의 단순함을 뒷받침하는 부드러운 쿠션이다. 오랫동안 논리와 능률 속에 살면서 이를 뒷받침하는 우반구의 정서와 감정이 부족해지면 허무감에 싸이고 이를 잊기 위해 마약, 술, 도박, 섹스 등 일차적인 쾌락을 추구하게 된다.

아래층과 위층의 균형은 우반구와 좌반구의 균형과 같고 이것은 기억에서도 나타난다. 우반구가 인출하는 서사적 기억은 자서전적 기억이라고도 부른다. 시겔은 명시적 기억Explicit Memory이라 부른다. 무의식적 기억, 혹은 몸의 기억은 명시적 기억과 통합되어 의식을 못 하더라도 틈틈이 행동으로 나타나는데 이것이 암묵적 기억Implicit Memory이다. 반복을 통해 습관화된 좌반구의 기억이다. 좌반구는 암묵적 기억을 저장하고 인출하며 자서전적 기억을 저장한다. 우반구는 자서전적 기억을 인출할 때 암묵적 기억을 동반한다. 좌반구에 저장된 기억을 인출하는 것이니 두 반구가 서로 접촉한다. 건강한 삶을 위해 꼭 필요한 자서전적 기억은 이처럼 두 반구가 서로 통합될 때 가능하다. 자서전을 쓴다고 할 때 우반구는 과거의 경험들을 떠올리고, 그것을 글로 정리해 쓰는 작업은 좌반구가 맡을 것이다. 언어의 기술은 좌반구의 몫이기 때문이다.

암묵적 기억은 몸의 기억이다. 자전거 타는 법을 배우는 건 습관을 몸에 익히는 것이고 따라서 해마가 작동하지 않는다. 반면 명시적 기억은 자전거 타던 날에 대한 기억이다. 의식이 작용하는 서사적 기억으로 좌측에 저장되었다가 우측 해마에 의해 인출된다. 그렇기에 시겔은 말한다. 해마는 세상과 자신을 알게 해주는 명시적 기억을 계속 쌓으면서 평생에 걸쳐 성장한다고(237).

우반구의 해마는 좌반구에 저장된 몸의 기억, 습관, 지식 등 변함없는 기억들을 인출하므로 정신적인 시간 여행을 한다. 과거와 미래를 예측하고 사물을 포괄적으로 본다. 또한 유아기에 뿌리내리기에 정서와 지식을 연결한다. 툴빙이 밝혔듯 좌반구는 오직 의미적 기억만을 저장하고 인출하기 때문에 사물의 전체를 조망하는 우반구와 달리 사물의 부분만을 본다. 우반구는 좌반구를 방문하고 끌어안지만 좌반구는 그러지 못한다. 왼손이 오른손을 덮는 왕인데 다빈치의 모나리자는 오른손으로 왼손을 덮고 있다. 우리는 모나리자의 신비한 미소에 홀려 가려진 왼손을 주목하지 못한다. 왼손잡이였던 다빈치가 모나리자를 왼손을 덮은 모습으로 그린 것은 이미 르네상스 시대에 왼손을 억압하기 시작했기 때문이 아닐까? 이러한 요구와 달리 평생을 좌우하는 유아기의 사랑과 보살핌은 왼손이 오른손을 덮은 모양새다. 우반구는 좌반구를 무시하거나 억누르지 않고 균형을 이룬다. 우반구는 좌반구의 저장이 없으면 아무런 의미가 없고, 좌반구는 우반구의 인출이 없으면 인간이 될 수 없다.

프로이트는 정신 질환을 치료하는 분석가였기에 이런 균형이 깨진 환자들의 언어 속에서 무의식을 찾아내려 했다. 오른손에 감춰진 왼손을 복원하려는 노력이다. 유아기 경험은 그만큼 중요하다. 우반구는 상상력의 근원, 애정의 근원으로 세상과 맞서는 힘이 된다. 이런 맥락에서 미셸 피크말의 말이 다시 떠오른다. 역사와 사회는 왜 왼손잡이를 홀대해왔을까? 아득한 청동기 시대에 사람들은 왼손으로 방패를 잡고 오른손으로 칼을 잡았다. 왼손은 우반구에 속하고 오른손은 좌반구에 속하므로 왼손은 애정이며 상상력이고 오른손은 능률이자 단순 지식, 몸의 습관이다. 이 둘이 균형을 이루지 않으면 왼손도 오른손도 쓸모가 없어진다.

진화는 먼저 우뇌가 활성화된 후 말을 배우면서 좌뇌가 발달하는 순서로 일어난다. 아득한 옛날에는 모계사회였다가 부계사회로 발전한 것도 마찬가지 원리가 아닐까. 시겔에 따르면 유아기에 뿌리내린 우반구는 '피질하부'와 더 직접적으로 연결된다. 외부의 자극은 뇌간을 지나 변연계를 거쳐 우측 전두엽으로 흘러 들어간다. 이때 우반구는 자극을 인지하고 과거를 회상하며 미래를 예측하는 역할을 한다. 한편 좌측 전두엽은 뇌의 원초적 근원인 피질하부로부터 멀리 떨어져 있다. 그래서 신체적인 감각이나 뇌간의 생존 반응, 변연계의 감정과 애착으로부터 거리를 둔다. 이런 이유로 시겔도 인정하듯 한쪽 반구가 다른 쪽 반구를 오랫동안 지배하면 경직(도착)이나 혼돈(정신병)이 생기는 것이다(174).

좌측 해마는 사실과 논리를 맡고 우측 해마는 자의식과 서사적 기억을 맡는다. 삶을 영위하기 위해서는 사실과 허구 둘 다 필요하다. 우반구의 개인적이고 사회적인 자아는 주관적이며 허구를 포함한다. 좌반구의 정확성과 객관성이 없으면 혼돈에 빠진다. 연인을 기다리는 시간은 감정의 시간이기에 터무니없이 느리다. 그러나 자주 들여다보는 손목시계는 사회적인 약속이고 객관적인 사실이다. 기다리는 시간이 길게 느껴지는 것은 사랑이 깊은 탓이며, 시계를 들여다보는 것은 사회적 약속을 확인하는 것이다. 우리에게는 두 종류의 시간이 모두 필요하다. 경험하는 시간만 있으면 혼돈이고 손목시계만 있으면 경직이다. 툴빙이 말한 지적 의식과 전지적 의식은 어느 한쪽도 무시할 수 없는 좌우 전두엽과 해마의 합작품이다. 직관과 주관성은 우반구의 역할이고, 사실과 객관성은 좌반구의 역할일 때, 우리는 어느 쪽을 더 선호할까? 문명이 발달하고 인구가 늘어나 경쟁이 치열해지면 오른손을 들어준다. 아니 반대로 오른손을 들어주었기에 기술 문명이 발달하고 경쟁이 치열해지며 정신 질환이 많아진 것은 아닐까.

강한 분노와 스트레스는 해마를 차단할 수 있다. 해마가 꺼지면 의식이 꺼진다. 술에 취해 필름이 끊기는 것도 해마가 꺼지는 것이다. 왼손이 선물하는 직관은 모호하기에 역사는 오른손의 정확성과 합리성에 귀 기울였다. 그리고 스트레스와 분노, 환경오염을 키워왔다. 진화는 우반구에서 좌반구로 진행되었고 시간이 흐를수록 능률을 중시하는 좌반구가 위력을 떨치게 된다. AI는 오른손의 승리다. 좌반구가 우반구를 완전히 때려눕히기 전에 철학과 문학, 그리고 예술을 향유해 정서와 감정의 항상성을 유지해야 하지 않을까.

과도하게 경쟁하고 능률 위주로 살면 인간을 증오하게 되어 우울과 스트레스, 분노, 불안이 높아진다. 인류의 생존에서 위험에 대한 신호는 중요했고 그렇기에 불안은 생명을 지키는 데 꼭 필요하다. 하지만 이 경보 장치가 과잉 경계로 발전하면 강박장애가 된다. 따라서 불안을 거부하지 않고 포용하면서 시야를 넓히고 긍정적인 마음을 키우는 것이 정신건강에 도움이 된다. 좌반구에 지나치게 의존하면 경직되고 불안과 스트레스가 커진다. 이럴 때 마약, 도박, 술은 일시적으로 불안을 잠재워주지만 장기적으로는 좌뇌의 특성을 강화해 더 큰 불안을 낳는다. 그렇게 중독에 빠진다.

철학과 문학은 우반구와 좌반구가 균형을 유지한 채 자기 힘으로 내용을 파악하고 판단에 이르게 하기에 불안을 잊게 한다. 고전을 비롯해 잘 짜인 작품들은 좌반구에 치중한 인간의 실수와 고통으로 우반구의 진실을 보게 한다. 이 과정에서 인내심을 키우고 자신을 돌아보며 긍지를 갖게 한다. 가치 없는 삶은 없다고 깨닫게 한다. 좌반구의 오만과 독단을 누그러뜨리고 우반구의 인간다움을 회복하는 일은 너무 늦게 시작하지 않는 게 좋다. 이 깨달음을 모르거나 너무 늦게 얻는 건 비극이며 그런 비극은 후회를 안긴다.

나는 생각하므로 존재할까, 아니면 느끼므로 존재할까?

먼 옛날, 나는 미국의 대학 기숙사에서 저녁 식사를 한 뒤 옆방의 미국 친구 두세 명 앞에 녹음기를 내려놓았다. 그날 낮 셰익스피어 수업 시간에 들은 교수의 음성이 흘러나왔다. 한국에서 책으로 영어를 공부한 나는 읽기가 아닌 살아 있는 대화를 해본 적이 거의 없었다. 가장 힘든 건 듣기였다. 미리 공부를 해둬도 마치 주소가 적힌 쪽지를 들고 이 골목 저 골목을 헤매는 듯 알아듣기 힘들었다. 기숙사 친구들이 도와준다고 했지만, 그때 알아듣지 못한 부분은 여전히 미로처럼 느껴졌다. 토론에 농담과 속어가 섞여 있는 걸 어쩌겠는가. 물론 첫 학기에 고생하고 나서는 녹음기를 들고 다니지 않았다. 조금씩 요령이 생겼다. 첫 학기의 첫 작품은 『햄릿』이었다. "죽느냐 사느냐 그것이 문제로다." 수업이 그랬다는 것은 아니다. 나에게는 문학을 할 것인가 말 것인가 그것이 문제였다.

긴 세월이 지난 뒤 『햄릿』의 그 문장을 다시 읽는다. 오직 자의식이 있는 인간만이 자신이 죽는다는 것을 안다. 우리보다 세상이 먼저 있었고 우리보다 나중까지 있을 것이다. 그러므로 우리는 흙에서 태어나 흙으로 돌아가는 시간의 존재다. 이것이 삶을 죽음 속에서 이해한 현상학의 출발점이다. 자의식은 좌측 전두엽에 저장된 경험을 우측 해마가 인출하기에 일어나는 서사적 기억에 의존하며, 그것이 정신적 시간 여행을 이끈다. 그러니 나는 느끼기에 존재한다. 과연 그럴까. 너와 내가 느끼는 시간이 다르다면 공동생활을 할 수 있는가. 시계가 없으면 사회생활을 할 수가 없고, 느낌이 없으면 나라는 개인이 존재하지 않게 된다. 좌반구는 생각하고 우반구는 느낀다. 그러므로 둘 다 필요하다. 진화한 우리는 이렇듯 이중적이다. 개인이면서 동시에 사회인이 되는 건 정말 어려운 일이다.

서구 계몽주의를 대표하는 데카르트는 나는 생각하므로 존재한다고 말했고, 이에 저항한 윌리엄 제임스는 나는 느끼므로 존재한다고 말했다. 앞엣것은 오른손의 말이고 뒤엣것은 왼손의 말이다. 앞엣것은 의식의 선언이고 뒤엣것은 무의식을 포함한 의식의 선언이다. 앞말에는 죽음이 없고 뒷말에는 죽음이 있다. 인간이 자기가 죽는다는 걸 아는 이유는 시간 여행이 가능하기 때문이다. 과거, 현재, 미래라는 시간을 의식하는 인간은 생각이 흐른다는 것을 알고 세상이 무상하다는 것을 안다.

르네상스 이전 그리스의 자연철학은 왼손의 철학이었다. 헤라클레이토스는 같은 물에 두 번 발을 담글 수는 없다고 말했다. 엠페도클레스는 증오를 모르면 사랑도 알 수 없다고 말했다. 좌반구의 폐쇄적이고 단순한 지식으로는 이해되지 않는 철학이다. 좌반구에 저장된 기억을 인출하는 우반구는 유아기 몸과 정서를 포함하기에 시간의 무상함을 이해하고 사랑의 이면이 증오임을 이해한다. 맥길크리스트는 이것에 동의한다. 사유는 먼저 본능적이고 무의식적이었다가, 그다음 의식의 빛나는 원 속으로 들어온다(2011, 317). 프로이트는 이미 괴기하고 낯설다는 뜻의 용어 언캐니Uncanny로 이 현상을 언급했다. 언캐니? 좌반구는 갸우뚱하고 우반구는 끄덕거린다. 억압된 유아기가 합리적이고 기계적이고 확실하며 통제가 강한 좌반구의 세계에 나타나니 낯설고 괴기하다. 이런 연유로 프로이트는 흘러나오는 환자의 말들 속에서 사금 캐듯 무의식을 캐내려 했다.

죽음과 삶의 무상함을 모르는 좌반구는 확신에 찬 낙관론자다. 르네상스 이후 서구 계몽주의가 합리성과 기술과학을 우대한 것은 이런 낙관주의 때문이다. 그 결과 전두엽의 진화는 다른 인간들과 함께 살아가는 시민이자 세계의 수호자를 만들었지만, 동시에 자연과 다른 인간에 대한 수탈자도 만들었다. 두꺼비는 좌반구로는 먹잇감에 관심을 보내고 우반구로는 동료들과 상호작용을 한다. 인간도 그렇다. 좌반구가 관심이 집중되는 대상을 맡는다면 우반구는 바깥

세계에 대한 폭넓은 관심을, 즉 통찰과 우연성을 담당한다. 새로운 경험과 정보를 중재할 때 결정적으로 중요한 부분은 우반구다. 그러나 인간과 동물의 다른 점이 하나 있다. 동물처럼 두 반구를 똑같이 대접하는 대신 좌반구는 우대, 우반구는 홀대했다는 것이다.

먼 후일

먼 후일 당신이 찾으시면
그때에 내 말이 잊었노라

당신이 속으로 나무라면
무척 그리다가 잊었노라

그래도 당신이 나무라면
믿기지 않아서 잊었노라

오늘도 어제도 아니 잊고
먼 후일 그때에 잊었노라

이 시인은 무엇을 말하려는 걸까? 남자의 시를 듣고 한 여자는 말한다. "잊어요. 안 말려요. 같은 말을 네 번씩이나 할 필요 없다고요." 그러고는 돌아서 휙 가버린다. 또 다른 여자는 조금 생각한 후 그의 사랑이 얼마나 깊고 지극했는지를 깨닫는다. 오랫동안 잊지 못하다가 먼 훗날에야 잊을 거라는 남자의 말은 절실한 사랑의 고백이다. 앞의 여자는 좌반구로 듣고 뒤의 여자는 우반구로 듣는다. 우반구는 느낌으로 존재한다. 그리고 문학은 좌우 반구의 합작이다. 모호함은 두 반구의 합작이지만 우반구가 더 우세한 역할을 한다. 좌반구는 우반구와 접촉하지 못하지만, 우반구는 좌반구를 포용한다. 유연하고 창조적이며 상상력이 있어야만 고백을 알아듣고 사랑을 받아들일 수 있다. 이처럼 사랑에는 연습이 필요하다. 모호성을 자꾸 연습해서 익숙해지면 좌반구로 넘어간다. 좌반구는 무엇이든지 저장해두는 게 특기니까. 문제는 좌반구는 단순하고 국소적인 지식, 반복적인 작용에 의한 습관을 인출한다는 점이다. 그리고 우리가 이런 단순함과 간편함을 선호한다는 점이다.

왼손의 편을 들어주는
정신분석

새로운 패러다임은 늘 데카르트의 코기토를 뒤엎고 시작한다. 19세기의 제임스와 프로이트, 20세기의 모더니즘 및 라캉과 데리다와 들뢰즈의 포스트모더니즘, 그리고 21세기 뇌과학까지 모두 데카르트를 만만한 밥으로 본다. 패러다임이 시작될 때마다 그는 무덤 속에서 불려 나와 두들겨 맞고 들어간다. 안토니오 다마지오가 이름을 알린 책의 제목도 『데카르트의 오류』였다. 왜 이런 일이 일어날까. 문명이 오른손과 좌반구의 효용성을 받들기 때문이다. 아무리

반증해도 데카르트는 오뚜기처럼 다시 일어선다. 윌리엄 제임스도 의식은 고정된 실체가 아니고 물처럼 흐른다고 말하면서 심리학을 시작했고 프로이트는 무의식이 있다고 주장하며 의식의 독선을 막아보려 했다. 라캉도 그 무의식이 언어 속에 어떻게 들어와 있는지 밝혔다.

프로이트는 무의식을 '유아기 성'으로 규정하고 서사적 기억을 이용해 정신 질환자들을 치료했다. 간편함을 뽐내는 오른손의 위력에 맞서 왼손도 중요하다고 말했다. 6개월에서 18개월까지의 유아는 거울 속에서 자기 모습을 보고 환호하며 잡으려 한다. 다른 아이를 때리고 그 아이가 울면 자기도 운다. 타인에 대한 의식이 생기지 않아 대상을 구별하지 못하는 이 단계, 거울 단계의 경험은 타인을 의식하게 된 뒤에도 무의식으로 의식 속에 잠재한다. 이런 착각이 없으면 상상력도 없고 사랑도 없고 공감도 없다. 프로이트는 이 시기의 거울상을 '이상적 자아'라 부르고 이 상이 타인에게 투사된 것을 '자아 이상'이라 부른다. 연인은 바로 내가 되고 싶었던 나의 이미지다. 그렇기에 그와 하나가 되려는 소망이 소유와 폭력으로 나타나곤 하는 것이다. 닿을 수 없기에 고통을 주는 연인을 끌어내리고 싶은 증오가 사랑과 동시에 작용하는 이유다.

거울 단계를 잘 아는 우반구가 말한다. 그건 착각이고 환상이야. 사랑이 끝날 때까지 기다려. 그러면서 너 자신을 발전시키려 노력하렴. 한결 덜 괴로울 거란다. 이런 맥락에서 프로이트는 이차적 나르시시즘을 정의했다. 우반구에 병변이 생기면 거울 단계를 몰라 전체를 보지 못하고 반쪽짜리 사랑을 한다. 사랑이 문자 그대로 '사랑'이다. 내가 너를 사랑하는 만큼 너도 나를 사랑해야 한다고 믿는다. 그런 연인은 은유를 모르고 환상을 모르고 고유함을 일반성이라고 믿는다. 범주를 가르고 유형을 구분하며 정확한 데이터에 따라 일을 처리하고 효용성을 중시한다. 시간의 무상함과 죽음을 모른다. 마치 AI 같다.

일중독에 빠지면 같은 일을 반복하고 숫자에 연연하고 기계 기술에 탐닉하다 어느 순간 삶의 이유를 자문하게 된다. 습관과 중독에 길들다보면 마음이 경직되기 때문이다. 그럴 때 철학과 문학을 읽고 인간을 연민하게 되면 퇴보한 우반구가 활성화된다. 연민은 단순함을 넘어선 어떤 곳, 상징계가 좋아하는 일들 너머의 커다란 느릅나무 그늘 밑, 상상계와의 연계에서 우리를 기다리기 때문이다. 신경계의 기능은 좌우 반구의 합작품이다. 엄밀성과 정확성을 지배하는 좌반구가 딱딱하게 굳기 전에 반드시 우반구가 풀어주어야 한다. 이때 주도권은 우반구에 있다.

AI를 대할 때도 이와 비슷하다. AI는 전두엽의 좌반구보다 일을 더 잘한다. 훨씬 더 많은 자료를 축적하고 정확하게 인출한다. 물론 입력되는 자료가 정확하고 의도가 정직해야 한다. 그리고 안전해야 한다. 그걸 위해서는 인간의 고유한 특성인 우반구의 조정이 필요하다. 경직된 오른손을 누그러뜨리는 왼손이 활성화되어야 한다. 기술을 발달시키는 것보다 그 기술을 어떻게 사용하느냐가 더 중요한 시점이 된 것이다. 우반구가 활성화되지 않으면 좌반구의 연장인 AI 기술은 위험하다. 고도의 논리와 효용성은 얼마든지 나쁜 의도로 속임수를 쓸 수 있기 때문이다.

의식의 진화는 죽음을 인지하는 서사적 기억의 발달이고 세상의
진리는 그 속에 자기 자신을 무너뜨리는 흙의 진리를 포함한다. 하이
데거가 말하듯 진리는 드러냄(세상, 삶)인 동시에 감춤(흙, 죽음)이다.
좌반구의 연장인 AI 기술의 명료함을 더 명료하게 만들려 애쓰는 대
신 우반구의 전지적 감각으로 명료성을 재통합해야만 한다. AI는 아
무리 애를 써도 서사적 기억을 가질 수 없다. 정확성을 담보로 허구
성을 얻으려 하지 않기 때문이다. 서사적 기억의 동반자인 죽음은
오직 살아 있는 몸에서만 가능하다.

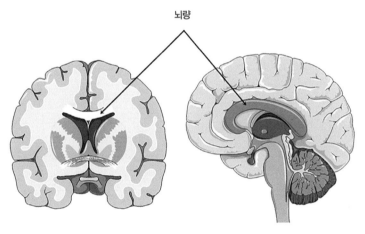

뇌량

두뇌의 중심부에서 두 반구의 세계를 갈라놓는 동시에 이어주는 다리인 뇌량.

우리 뇌 속 뇌량은 우반구와 좌반구를 통합한다. 반구가 클수록

연결 고리인 뇌량은 줄어든다. 진화는 좌반구가 승리할 때까지 연결을 늘리지 않고 반대로 나간 것 같다. 맥길크리스트에 따르면 뇌량은 두뇌의 중심부에서 두 반구의 세계를 갈라놓는 동시에 이어주는 다리다. 갈라놓으면서 동시에 이어준다니? 이렇듯 복잡하고 거의 역설적인 뇌량의 기능에 그는 힌두교 성전인 『우파니샤드』의 한 구절을 인용한다. "심장 속의 공간에 만물의 통제자가 자리 잡고 있다. (…) 그는 다리이며 그 다리는 다른 세계를 분리하는 울타리로도 사용된다."(359) 마치 장자의 도道에서 말하는 무위無爲 같다. 만물의 두 축인 음양은 갈라지고 또 이어진다. 시간이 흐르면 그늘이 양지가 되고 양지가 그늘이 되는 자연의 이치다. 이러한 섭리를 따르려면 어느 한쪽을 인위적으로 밀어붙여서는 안 된다. 이것이 무위이고 뇌량의 역할이 아닐까. 좌반구와 우반구를 똑같이 대접하고 양측이 각기 제 역할을 수행할 수 있도록 돕는다. 그러면 둘은 다르면서도 하나로 통합되어 서사적 기억을 만들어낸다. 두 길을 동시에 따르는 예시가 장자의 유명한 시 「아침에 셋」이다.

아침에 셋

사물의 대립되는 양면이 본래 하나였음을 모르고
한쪽에만 고집스레 매달려
마음을 지치게 하는 것을 '아침에 셋'이라 부른다.

아침에 셋이라는 게 무엇인가?

어느 원숭이 조련사가 원숭이들에게 말했다.

"너희에게 밤을 줄 텐데, 아침에 세 되 주고 저녁에 네 되 주마."

그러자 원숭이들은 모두 화가 났다.

그래서 그가 말했다.

"좋아. 그렇다면 아침에 네 되 주고 저녁에 세 되 주지."

그러자 원숭이들은 만족해했다.

둘의 경우 밤의 수량은 변함없었지만, 한쪽은 원숭이들을 화나게 했고 다른 쪽은 만족하게 했다. 조련사는 원숭이들이 원하는 대로 자신의 결정을 바꾸었다. 그랬다고 잃은 것은 없지 않은가!

정말 현명한 사람은 어느 한쪽으로 치우침 없이 문제의 양면을 들여다보고,

도의 관점으로 둘 다를 본다.

이것을 '두 길을 동시에 따른다'고 말한다.

인간도 자연의 섭리를 따라야 행복하다. 그러나 현실에서는 좌반구의 단순성과 효용성만 밀어붙이고 무의식은 간과하면서 우반구를 홀대한다. 과학기술은 점점 발전하지만 인문학은 쇠퇴하고, 우울증과 정신 질환이 늘어난다.

뇌량의 주요 기능은 '금지'다. 한쪽이 다른 쪽을 밀어붙이지 않도록 막는 것이다. 이것에 실패하면 여러 정신 질환에 시달리게 된다.

뇌량은 좌우 반구 간의 통합과 차별화를 맡는 뉴런이다. 첫 단계는 한쪽 반구가 다른 쪽 반구를 반드시 금지해 각 반구가 제각기 작동하도록 하는 것이다. 그 뒤 좌반구에 저장된 기억을 우반구가 서사적 기억으로 인출하면서 두 반구가 통합된다. 둘을 통합하는 건 우반구지만, 실제 실험에서는 좌반구와 우반구가 경쟁할 때 좌반구가 우반구를 더 잘 억압한다. 예를 들어 뇌량에 문제가 생겨 좌우 통합이 안 되는 분할 뇌 환자는 좌반구가 통제권을 쥐고 있다. 맥길크리스트에 따르면 역할 면에서는 우반구가 우세하지만 권력 면에서는 좌반구가 우세하다고 한다(368). 르네상스 이후 서구 계몽주의가 왼손을 홀대했듯 우반구를 경시한 것은 뇌의 특성이기도 하고 오랜 기간 반복된 연습에 의해 나타난 현상이기도 할 것이다. 좌반구가 발전시킨 기술과학은 AI에 이르러 권력이 하늘을 찌르고 있다. 돈이 되는 기술과학, 돈이 안 되는 인문학으로 갈라지면서 좌우 전두엽의 균형이 깨진 지 오래다.

　이런 와중에 의식은 어디서 뭘 하고 있는가? 부지런히 시간을 따라가고 현실을 따라가면서 무의식을 모른다고 고개를 젓고 있다. 그리고 자신의 인식과 판단이 정확하다고 주장한다. 물론 철학, 문학, 심리학, 정신분석, 그리고 최근의 뇌과학까지도 그렇지 않다고 주장하지만, 여전히 좌뇌의 권력은 막강하다. 예를 들어 판크세프가 의식은 중뇌에서 시작해 위쪽으로 이동한다고 말할 때, 그 말은 변연계를 포함한 뇌량과 진화의 최전방인 좌우 전두엽이 분리되면서 동시에 통합된다는 의미다. 지금까지 본 것처럼 사회적 유연성은 우측 전두엽이 활약해서 생긴다(377). 만일 돈과 권력을 상징하는 좌측 전두엽이 계속 강세를 유지한다면, 균형을 회복하기 위해 교육과 사회적 제도가 나서야 하지 않을까.

자긍심과
자기 서술

지금까지 좌우 전두엽의 분리와 통합을 살펴보고, 왼손을 담당하는 우측 전두엽이 부모이며 오른손을 담당하는 좌측 전두엽이 자식이라는 사실을 짚어봤다. 부모는 조상인 무의식을 포함해 자식까지 아우르지만 자식은 그저 현실이 요구하는 기술과 논리, 효용성을 추종할 뿐이다. 그런데 이것은 상부 전두엽에서만 일어나는 일이 아니다. 위아래를 연결하는 중뇌의 해마와 편도체에서도 같은 현상이 일어난다. 좌측 해마는 모든 경험을 받아들여 저장 뉴런에 보내고, 지식, 논리와 관련된 기억만 인출한다. 우측 해마는 서사적 기억만 인출한다. 서사적 기억은 무의식과 의식의 소통을 통해 인간을 인간답게 만든다. 자의식적인 인간으로서 정신적 시간 여행을 인지하는 인문학적 소양은 우측 해마가 담당하는 것이다.

우측 해마는 무의식을 포함한 자의식을 인출하는 만큼 내가 회상하는 과거는 과거가 현재의 욕망으로 채색된 과거라는 걸 안다. 똑같은 현상이 뇌의 아래쪽에서도 일어난다. 뇌의 상부와 하부를 연결하는 중뇌의 편도체 역시 좌우 기능이 다르다. 우측 편도체는 무의식의 대변자다. 에프라트 지노는 우측 편도체의 상하부 연결이 그 후 발달하는 좌측 전두엽의 연결보다 더 중요하다고 말한다. 좌측 편도체는 논리와 효용성에 봉사하지만 우측 편도체는 몸과 감정의 기억을 저장하기 때문이다.[1] 감각 자극은 상부 피질을 통과하지 않고 편도체 속의 기억 흔적을 활성화해 암묵적 기억으로 몸에 저장된다 (69). 그러나 감정은 중뇌를 거쳐 상부에 느낌으로 인지된다. 이렇듯 전두엽과 해마, 편도체 모두 좌우가 분리되면서 동시에 통합되기에 간단히 우반구와 좌반구라고 표기할 수도 있다.

우리 삶은 긴 여정 속에서 중요한 갈등과 변화의 순간을 맞는다. 특히 삶의 진로를 선택하는 기로에 서면 여러 날 고민하게 된다. 이 길을 택할 것인가 아니면 지금까지 걸어온 길을 갈 것인가. 현실에 안주할 것인가, 모험을 해볼 것인가. 그럴 때 부모나 친구의 도움을 구하곤 한다. 타인이 객관적으로 판단을 내려줄 거라고 믿기 때문이다. 그러나 내 인생은 나의 것이고 선택도 내가 내리는 것이다. 어떻게 타인이 나를 나보다 더 잘 알겠는가. 이럴 때 자신이 살아온 길을 조용히 되돌아볼 필요가 있다. 경험이 적은 어린 나이에는 부모의 조언을 참고해 내가 무엇을 잘하고 무엇을 못하고 무엇을 사랑하는지 정한다. 나이가 들어 경험이 많아지면 자신을 분석할 자료도 많아진다. 그러면 그 자료들을 천천히 몇 번씩 들여다보고, 내가 무엇을 사랑했고 무엇을 잘했으며 무엇이 되고 싶었던가를 조목조목 따져봐야 한다.

---

1 Efrat Ginot, "Self-Narratives and Dysregulated Affective States," *American Psychological Association* 29.1(2012): 59-80. 63쪽.

삶은 자기 성찰과 자기 서술을 요구한다. 어떤 종류의 도전인지, 과연 성공할 수 있는지 등을 고민하며 자신의 역량과 현재 위치, 이후의 발전 가능성을 가늠해야 한다. 논밭의 벼와 식물을 보라. 여름의 적당한 열기와 충분한 햇볕, 적당한 비와 바람을 맞고 때가 되어야 맛있는 열매를 맺는다. 우리도 그런 존재가 아닐까. 인생은 곱이곱이 되돌아보며 나를 알아가는 과정이다. 무조건 남들이나 세상이 원하는 것을 선택하기보다는 자신이 누구인지 곰곰이 따져보고 길을 정하는 게 진정한 자긍심이다. 자긍심은 자신을 갱신하는 것이지 바꾸는 것이 아니다. 죽는 날까지 나의 잠재력을 개발하고 발전시키는 원동력이다.

우반구가 약하면 이 중요한 순간들을 충분히 누릴 수 없다. 과거를 차곡차곡 떠올리는 서사적 기억은 우뇌, 왼손이 하는 일이기 때문이다. 물론 그런 과거가 현재의 욕망으로 채색되었다고 해도 중요하고 큰 결정들은 그대로 다음 순간들로 연결되기에 큰 그림은 여전히 살아 있다. 나는 언어적이고 의식적인 좌뇌에서 통합적인 우뇌를 끌어내 암묵적, 무의식적 기억들을 재경험한다(70). 이것이 '자기 서술Self-Narrative'이다.

이런 맥락에서 자기 서술은 논리, 기술, 효용성에 치우친 뇌의 균형을 회복하는 데 도움이 된다. 특히 뇌의 하부로 가는 통로가 차단된 사이코패스라면 자신의 과거와 현재를 서술하면서 감정을 회복하기 위해 인문학에 기댈 필요가 있다. 인문학은 불안, 공포, 분노, 공격성에서 벗어나 뇌의 균형을 회복하게 해주는 카우치다. 의식과 무의식을 연결하는 통로다.

이처럼 우반구와 좌반구의 균형은 진화한 인간이 누릴 수 있는 신의 은총이다. 이제 균형의 중요성에 대해 좀더 알아보자.

3장

균형은 왜 중요한가:
정신건강을 위한 조언

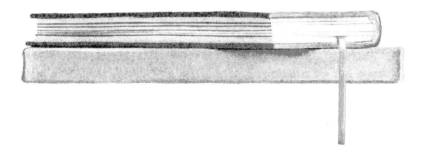

영화로 만들어진 소설 『뷰티풀 마인드』의 주인공 존 내시는 프린스턴대학의 수학과 교수로 젊은 시절 발표한 '균형 이론'을 통해 1994년 노벨경제학상을 수상했다. 그는 오랜 시간 조현병의 환상과 망각 증세에 시달리다 전기치료, 약물치료 등으로 병세가 호전되어 교정에 돌아온다. 환각과 망상이 완전히 사라지지는 않았지만, 그것들이 사실이 아니라는 것을 알고 거부할 수 있게 된다. 그에게 이런 질문을 한 사람이 있었다. "수학자는 이성과 논리적 진리에 매진하는 사람인데, 당신은 어떻게 외계인이 메시지를 보낸다고 믿나요?" 내시는 이렇게 답했다. "초자연적인 존재에 대한 생각이 수학적 개념과 똑같은 방식으로 내게 다가왔으니까요. 그래서 진지하게 받아들였어요." 이 대화는 캔델이 그의 책 『마음의 오류들』에서 소개한 내용이다. 창의적인 사람이 되려면 기존 시각과 다른 견해를 제시해야 한다. 때로 그런 생각은 낯설고 괴상해 보일 수 있다. 일상을 벗어난 것, 어쩌면 미친 짓처럼 보이기도 할 것이다. 초현실주의자들의 그림이 독창적이듯 수학에서도 독창적인 것은 초현실적이다. 합리성을 추구하는 수학에서도 독창적인 생각은 현실 너머에 있다는 것이다. 이런 의미에서 '천재'는 평범함을 뛰어넘는 통찰을 할 때 붙여지는 이름일지도 모른다. 캔델은 다음과 같은 말로 책을 마무리한다. "뇌 영상 연구를 통해 미술 및 음악적 창의성의 몇몇 측면들이 뇌의 우반구에서 나온다고 결론 내리기 충분한 증거를 확보했다."[1]

그렇다면 정신 질환자의 뇌 좌반구에 병변이 생겨 우반구가 더 활성화된다면 천재적인 화가나 음악가, 작가가 될 수 있는가? 이 물음은 뛰어난 재능을 가진 작가나 예술가 가운데 정신 질환자가 많은 이유에 대한 한 가지 설명이 될 수 있다. 독창적인 철학자 니체는 정신병원에서 생을 마감했고 작가 피츠제럴드는 알코올중독에 시달렸다. 고흐 역시 정신병원에서 생을 마감했다. 그의 그림에서 우리는 꿈틀거리는 무의식을 볼 수 있는데, 이것은 무의식을 차단한 좌반구보다 무의식을 포함하는 우반구가 더 활성화된 결과다.

그렇다고 캔델이 좌반구와 우반구의 균형을 중시하지 않은 것은 아니다. 다만 무의식이 독창성의 근원이라는 점을 정신 질환자의 예시로 설명하고, 르네상스 이후 좌반구에 과도하게 치우친 서구 기술 문명이 좌우의 균형을 깨뜨리고 각종 정신 질환의 원인이 된다고 암

---

1 에릭 캔델, 『마음의 오류들』, 이한음 옮김, 서울: RHK, 2020. 226쪽(Kandel, Eric. *The Disordered Mind*. New York: Farra, Straus & Giroux, 2018).

시할 뿐이다. 그렇다면 균형은 왜 중요한가?

　뇌과학의 입장에서 프로이트를 다시 읽는 뇌과학자 마크 솜스는 '신경정신분석'이라는 새로운 영역을 개척했다. 그는 「신경정신분석이란 무엇인가?」라는 글에서 인간의 심리 구조를 '이원적 일원론'이라고 표현한다.[2] 야크 판크세프 또한 대립하는 개념이 하나로 소통한다는 뜻에서 이 용어를 사용한다. 예를 들어 사회를 대변하는 슈퍼에고와 억압된 무의식을 대변하는 이드는 정반의 개념이다. 슈퍼에고는 사회적 경험을 저장하는 뉴런으로 전두엽에 해당되고 이드는 변연계 아래 피질 하부에 속한다. 프로이트에 따르면 전자는 통과 가능 뉴런이고 후자는 통과 불가 뉴런이다. 진화로 직접적인 통로가 막힌 몸과 감각, 혹은 감정은 상부의 도움 없이 의식에 다가설 수 없다. 외부 자극이 오면 몸은 감정으로 편도체를 자극한다. 편도체는 상부 전두엽의 도움을 받아 나란히 붙은 해마와 함께 몸의 반응을 추측한다. 이것이 느낌이다. 느낌은 인지적인 판단이지만 상부 피질에 저장된 경험의 분량과 질에 따라 추측이 정답에 가까울 수도 있고 멀 수도 있다. 따라서 이성을 위해 감정을 억압하라는 근대 이후의 정설은 틀렸다. 감정과 경험이 풍부하면 오히려 판단의 오류가 줄어든다.

　이처럼 프로이트와 제임스의 심리학은 경험주의에서 만난다. 프로이트가 오스트리아 빈대학에서 프란츠 브렌타노의 경험주의 심리학

2　Mark Solms, "What is Neuro Psychoanalysis?" *Neuropsychoanalysis* 13.2(2011): 133-135, 136쪽 참조.

을 수강했듯 제임스 역시 브렌타노의 영향을 받아 현상학을 세웠다. 두 사람의 심리학은 다른 분야를 다뤘으나 기본적인 뼈대는 같았다. 프로이트는 자유연상법을 이용한 정신분석으로, 제임스는 의식이 흐른다는 명제를 이용한 학습법으로 정신건강에 공헌했다.

슈퍼에고와 이드의 대립은 사회의 법과 나의 내밀한 본능이 갈등하는 것이다. 그러나 좌반구에 저장된 경험을 우반구가 인출해 서사적 기억을 떠올리듯 이원적으로 대립하는 상부와 하부는 중재를 통해 소통한다. 결국 일원론이다. 뉴런들이 이원적 일원론의 관계에 있을 때 회상이 가능하고 시간 여행이 가능하며 건강하고 평범한 일상이 가능하다. 아래층 위에 위층을 올렸으니 층계를 통해 하나의 집이 되는 건 당연한 일이다. 그러나 뇌에서는 이 층계가 그리 단순하지 않다. 직접 내려가지 못하고 돌아가야 할 뿐 아니라 언제나 잉여가 남는다. 그리고 무엇보다 어느 한쪽으로 기울기 쉽다.

그렇다면 고전 심리학이나 최근의 뇌과학은 정신 질환을 어떻게 보고 있을까. 마음의 병은 예민하고 치유하기가 어렵다. 원인을 알아내고 치유하기 위한 연구는 여전히 진행 중이며 아직도 정답을 내리지 못하고 있다. 하지만 나는 균형 잡힌 뇌, 특히 기술과학 시대에 우반구가 왜 중요한지에 집중해 간추려보려 한다.

정신건강을
위한 조언

대립하는 뉴런들이 어느 한쪽으로 치우치면 반대쪽 시냅스가 줄어들고 약화된다. 아래쪽으로 치우치면 사회성이 줄고 위쪽으로 치우치면 감정이 메마른다. 우울증은 위쪽이 줄고 아래쪽이 늘어난 것이며 사이코패스는 반대로 아래가 줄고 위가 늘어난 것이다. 아래위가 균형을 이루려면 무엇보다 내가 세상과 균형을 이루어야 한다. 자의식이란 나와 타인을 의식하는 것으로 개체화와 사회화가 동시에 일어난 진화의 산물이다. 그러므로 나는 세상을 바라보면서 동시에 내가 세상에 보인다는 것을 안다. 바라보는 시선 속에는 보인다는 응시가 들어 있다. 이때 응시가 내 쪽으로 치우치면 이기적이거나 외롭고 내향적인 사람이 되며, 반대로 세상으로 치우치면 남들을 너무 의식해 자존감이 낮아지거나 반대로 자신을 부풀리게 된다.

타인을 적당히 의식하는 것은 사회인으로서 중요하지만, 그게 지나치면 세상이 주인이 되고 나는 노예가 된다. 이렇듯 주인과 노예가 뒤바뀌는 게 과시 혹은 도착증이다. 세상이 아니라 내가 주인이 될 때 독창성이 발휘될 수 있다. 대니얼 스나이서가 언급했듯 인간의 유아기는 동물에 비해 길다. 동물은 어미로부터 젖을 떼면 짧은 기간 몸을 통한 생존 훈련을 마친 뒤 어미를 떠난다. 그러나 인간은 유아기에 거울 단계, 상상계, 무의식 등 사회로 진입하기 전의 경험을 여럿 거친다. 진화의 시작인 서사적 기억은 의식 속에 유아기라는 무의식이 잠재하기에 가능하다. 이 서사적 기억은 우반구의 역할이다.

창조력이나 상상력도 우반구가 담당한다. 그러므로 인간의 유아기가 다른 동물들보다 길다는 것은 진화의 조건이자 우반구와 좌반구가 사회 속에서 반드시 균형을 이루어야 한다는 요구다.

나와 세상의 균형은 정신적 시간 여행에서도 일어난다. 과거에 지나치게 사로잡혀 후회 때문에 현재를 망쳐서도 안 되고 미래에 지나치게 사로잡혀 과욕 때문에 현재를 망쳐서도 안 된다. 균형 잡힌 시간 여행은 과거의 힘든 경험을 현재의 동력으로 삼아 미래를 열어놓고 희망의 끈을 놓지 않는 것이다. 그럴 때 현재라는 시간이 소중하게 태어난다.

우반구는 학습과 훈련으로 활성화될 수 있다. 청각 장애인은 보통 사람보다 더 뛰어난 시각 능력을 갖게 된다. 시각과 청각은 한쪽이 약해지면 다른 쪽이 강해지기 때문이다. 영어를 배울 때도 화면 없이 대화만 들으면 더 잘 들린다. 보는 쪽을 약화시켜 듣는 쪽을 활성화하는 것이다. 샤론 베글리는 뇌에도 도시처럼 일정한 경계가 있다고 말한다. 한 기능의 영역을 확대하면 다른 기능의 영역은 줄어든다. 하나의 신경망이 활성화되면 다른 영역은 약화된다(2008, 124). 이런 현상을 뇌의 가소성이라 부른다. 약화된 뉴런이나 시냅스를 강화하기 위해 특정 행위를 계속하면 그 부분의 시냅스가 활성화된다는 것이다.

스트레스와
우울증

통계에 따르면 2022년 한국에서 우울증으로 치료를 받은 사람이 100만 명을 웃돈다고 한다. 한국은 OECD 국가 중 자살률이 1위인데, 이 가운데 60퍼센트가 우울증 때문이라고 보도된 적이 있다. 알다시피 출산율은 꼴등이다. 이런 통계치는 우리를 암울하게 만든다. 경제 수준이 우리보다 낮은 나라가 행복지수는 오히려 높다는 통계는 잘사는 게 행복을 보증하지는 않는다는 사실을 알려준다. 기술경제에 지나치게 의존하고 치열하게 경쟁하며 돈을 모든 가치의 기준으로 삼는 곳이 현재 한국이 아닐까. 사람을 학력, 돈, 직업에 따라 일렬종대로 세우고, 공감과 타인에 대한 배려, 삶의 가치를 배우는 인문학은 길을 잃어 '문송'('문과라서 죄송합니다'의 줄임말)하게 된 곳이 이곳이다. 좌반구와 우반구의 균형이 무너진 것이다.

미국에서도 한 해 4만 3000명이 스스로 목숨을 끊는다. 그중 절반 이상의 원인이 우울증으로 지목되며, 우울증 환자 중 15퍼센트 정도가 자살을 선택한다고 한다. 우울증은 우울한 세상을 그대로 반영한다. 아무리 즐겁게 살려고 해도 아침저녁 뉴스에 보도되는 소식들은 암울하기 짝이 없다.

우울증은 사회적 고립과 세상에 대한 증오가 자기 비난으로 돌아와 감정과 전두엽의 균형이 깨진 상태다. 감정에 치우쳐 우울감이 심하고 죽음충동 때문에 자신이나 타인에 대한 공격성이 강해진다. 이런 증상이 나타날 때는 이미 하부 피질의 무의식에서 타인이나 세상에 대한 원망과 자기 비난, 고립에서 오는 슬픈 감정이 오랫동안 진행된 뒤다. 만일 그런 일들이 의식의 차원에서 진행된다면 병이 깊어지기 전에 삶의 방식이나 감정을 긍정적으로 바꾸려 노력할 수도 있을 것이다. 그러나 그런 감정은 무의식적으로 지속되기에 균형이 깨지고 증상이 나타나야만 알아챌 수 있다.

프로이트는 「애도와 우울증」이라는 글에서 이런 증상을 잘 설명한다. 애도는 가족이나 연인의 죽음, 이념의 상실, 조국의 상실로부터 오는 슬픔이다. 시간이 흐르면 조금씩 옅어지고 일상으로 회복된다. 의식의 차원에서 일어나는 슬픔이기에 상실의 대상을 알고 슬퍼하는 이유도 안다. 반면 우울증은 세상과 나 사이의 연결 고리가 끊어지고 무의식으로 퇴행하는 현상이다. 배반의 상처, 타인에게 인정받지 못한다는 좌절과 무력감, 부당한 대우에서 오는 억울함 때문에 세상을 등지고 자아로 고립되며 무의식으로 퇴행한다. 무의식은 거울 단계처럼 나와 대상을 구별하지 못하는 '원초적 나르시시즘'을 특징으로 한다. 그러므로 세상에 대한 증오와 비난은 곧 나에 대한 증오와 비난이 된다. 무력감과 허무감이 지속되다가 파괴와 증오의 감정으로 바뀌고 죽음충동에 이른다. 자살 충동은 타살 충동과 구별할 수 없는 동전의 양면이다. 무의식의 차원에서 일어나기에 증상으로 나타나도 원인을 잘 알지 못한다.

프로이트의 이런 견해는 최근 뇌과학에서 우울증의 원인으로 스트레스를 꼽는 견해와 별반 다르지 않다. 스트레스는 왜 우울증을 유발할까. 안토니오 다마지오는 건강의 조건인 항상성을 이렇게 정의했다. 항상성은 몸이 외부 자극에 반응할 때 균형을 통해 안정을 취하려는 본능적인 에너지다. 균형을 취하지 않으면 건강에 나쁜 신경전달물질이 나온다(2010, 27 & 33). 우리는 여느 동물들과는 달리 의식이 진화해 이 균형이 깨질 염려가 있다. 예를 들어 타인과 함께 살다보면 스트레스를 받고 그들과 경쟁하느라 압박감과 증오, 고립감에 시달린다. 그럴 때 나오는 신경전달물질의 분비량이 지나치게 많으면 몸에 우울증과 동일한 생화학적 변화를 일으킨다.

우울증과 스트레스는 시상하부-뇌하수체-부신 축을 활성화하고 부신에서의 코르티솔 분비를 촉진하는데, 이 호르몬에 장기간 노출되면 해마와 전두엽의 시냅스 연결이 약화된다. 생쥐도 스트레스를 받으면 비슷한 현상을 보인다고 한다. 시냅스 연결이 약화되면, 즉 시냅스의 수와 규모가 줄어들면 어떤 증상이 나타나는가? 입맛을 잃고 잠을 잘 이루지 못해 몸에 변화가 일어난다. 전두엽은 우리에게 살아가려는 의지를 주고 우리 의사를 결정하며 기억을 저장하는 데에도 영향을 미친다. 그러므로 지속적인 스트레스는 상부 피질인 전두엽을 약화하고 우리를 피질하부, 무의식으로 퇴행시킨다.

이처럼 하부와 상부의 균형과 소통은 중요하다. 그런데 우울증은 좌반구와 우반구의 균형이 깨질 때도 나타난다. 뇌량은 좌반구와 우반구를 연결하는데, 이 연결에 문제가 생길 때도 우울증이 나타난다. 좌반구는 합리적이고 낙천적이며 기술 문명에 적극적이다. 반면 우반구는 무의식을 포함하고 감정을 중시한다. 세상에서 고립되는 것은 합리적으로 판단하고 효용에 봉사하는 좌반구의 기능을 약화한다. 우반구로 퇴행하는 것은 무의식으로 퇴행하는 것과 같다. 긍정적인 마음이 약해져 타인에 대한 원망과 자신에 대한 비난에 빠지면 공격성과 죽음충동이 생길 수 있다. '쾌락원칙' 너머에 죽음충동이 있다는 프로이트의 유명한 가설이 떠오르는 대목이다.

이렇듯 우울증에서는 상부와 소통하는 해마가 줄고 감정을 대변하는 편도체가 활성화된다. 캔델은 『마음의 오류들』에서 "25번 영역이 과도하게 활성화될 때마다 감정과 관련된 신경회로의 구성 요소들이 생각하는 뇌와 말 그대로 단절되어 자기 정체성의 상실로 이어질 수 있다"라고 말한다(105). 최근 캔델의 연구와 앞선 프로이트의 연구는 이렇게 공통된다. 고립이란 피질하부의 감정이 전두엽의 사회성과 단절되어 하부로 퇴행하고 동시에 좌반구의 낙관적 자존감과 멀어져 상하좌우의 균형이 깨진 현상이다. 우울장애가 행복 호르몬인 세로토닌을 감소시키는 것은 낙관적 심리가 약해지기 때문이다. 편도체는 어느 시점에 어떤 감정을 동원할지 결정하는 역할을 하는데, 이럴 때는 주로 슬픔과 증오의 감정을 동원한다. 애도와 우울증의 다른 점이 여기에 있다. 애도는 스트레스와 상관없지만, 우울증은 스트레스와 관련이 깊다. 사회적 압박감이 지속되니 코르티솔 호르몬이 증가하고 그것이 고립과 증오로 나타나는 것이기 때문이다.

의식은 무의식과 타협해 균형을 취해야 한다. 세상의 기준과 열망을 지나치게 따르면 이드라는 야생마에서 떨어질 수 있고, 반대로 지나치게 야생마에 의존하면 계속 내달릴 것이다. 어디를 향해? 죽음충동을 향해. 그래서 에고는 이드와 슈퍼에고 사이에 조정사로 겸손하게 자리 잡는다. 피질하부와 전두엽 사이에 해마가 자리 잡듯이.

증상과
치료

우울증의 증상은 개인에 따라 다양하게 나타난다. 우울감과 함께 에너지가 분출되는 반대 증상이 번갈아 나타나는 조울증도 있으나 대부분 불면, 거식, 어지러움, 자살 충동이나 타살 충동, 파괴적 공격성 등의 증상을 보인다. 이런 증상들이 나타날 때는 이미 균형이 깨진 후다. 균형을 회복하려면 감정과 전두엽의 연결을 강화하는 약물을 처방받음과 동시에 상담을 거쳐 전두엽을 강화하는 긍정적인 마음과 사회성을 학습해야 한다. 좋은 책을 읽고 명상하고 마음을 수행하는 일은 증오와 폭력 대신 용서와 사랑의 마음을 심어준다. 적절한 대화를 통해 자존감을 키우고 삶의 목적을 세우기 위해 노력해야 한다.

무엇보다 사회적으로 의미 있는 일을 하고 누군가에게 인정받는 것이 중요하다. 자신보다 더 나쁜 환경 속에서도 강건히 살아가는 사람들을 이해하고 도와야 한다. 그리고 인문학과 예술을 통해 타인을 이해하고 빗나간 감정을 창조적인 힘으로 승화해야 한다. 잘 쓰인 문학은 증오와 폭력, 오만이 왜 나쁜지를 보여준다. 대화와 일로써 타인을 용서하고 자기 자신에게 긍지를 가지다보면 뇌의 구조가 조금씩 변화한다. 추론과 판단 등 고차원적 인지 기능을 담당하는 전두엽이 감정을 다루는 변연계에 영향을 미쳐 병을 호전시킨다. 진화와 반대되는 방향으로, 위에서 아래로 치료가 이루어지는 것이다.

일상을 무난히 살아내려면 피질하부와 상부 피질이, 좌측 전두엽과 우측 전두엽이 원활하게 소통해야 한다. 항상성의 원리와 신경전달물질의 분비는 몸과 마음이 하나임을 보여준다. 마음의 건강은 몸의 건강이다. 그런데 항상성의 대리자인 무의식으로 들어가는 통로가 진화로 막혔다면 감정을 어떻게 치료할 수 있을까. 위에서 아래로 내려가는 길밖에 없다. 예를 들어 웃음치료는 의도적인 웃음으로 몸에 긍정적인 변화를 주려는 시도다. 위에서 아래로 향하는 치료다. 웃으니 행복하다. 사실 뇌에서 감정이 인지되는 순서가 원래 이렇지 않던가. 의도적인 학습이나 연습도 전두엽에 긍정적인 경험을 저장해 중뇌를 통해 감정과 몸에 변화를 일으킬 수 있다. 전두엽은 반복되는 경험을 피질하부로 넘겨 저장시킨다. 이것이 습관, 혹은 몸의 기억이다.

우울증에 대한 캔델의 조언을 들어보자. 그동안 우울증의 치료제로 여러 약제가 개발됐고 개중에는 부작용이 덜한 항우울제도 있다. 케타민은 전두엽과 해마의 연결을 강화하고 행복 호르몬인 세로토닌을 강화한다. 이런 약물치료와 함께 대화를 통한 심리치료가 병행되어야 한다. 약물이 뇌 속 화학물질들의 균형을 회복시킨다면 대화요법은 치료자와의 지속적이고 탄력 있는 관계로 인간에 대한 신뢰를 회복시키기 때문이다. 약물과 대화 요법은 환자가 정신 질환에서 벗어나 만족스럽고 생산적인 삶을 살아갈 수 있도록 돕는 핵심 요소들이다(2020, 116).

케이 R. 제이미슨 역시 환자가 혼란한 상태에서 어느 정도 벗어나고 끔찍한 생각과 감정을 억제하며 그 모든 것에서 무언가를 배울 가능성을 발견하고 통제력과 희망을 심어주는 데 약물만으로는 한계가 있다고 말한다. 프로이트가 자유연상을 기반으로 한 대화로 우울증을 치료했다면 에런 벡은 인지행동요법Cognitive Behavioral Therapy을 개발해 활용했다. 인지행동요법은 나와 세상의 관계에서 무너진 균형을 회복할 수 있게 돕는다. 우선 나를 인식하는 방법을 바꾼다. 세상에 대한 적대감과 분노를 낮추고 자신을 패배자로 여기는 생각을 버린다. 또한 자기 자신에게 너무 큰 기대치를 부여하여 실망하지 않도록 유의한다. 결국 세상 속에서 자신을 인식하는 방식이 중요한 것이다. 작은 일에 만족하며 성취의 즐거움을 누리면 된다. 실패보다 성공의 증거를 보고 부정적인 생각에 맞서야 한다.

다시 세상 속으로 들어가 자신을 인지하는 방식을 바꾸려면 스스로의 노력뿐 아니라 치료자의 도움도 필요하다. 둘 사이의 상호작용은 뇌에 생물학적 변화를 일으킨다. 캔델의 이러한 조언은 제임스가 말한 뇌의 가소성을 떠올리게 한다. 학습과 경험이 뉴런 사이의 연결에 해부학적 변화를 일으킨다는 것이다. 학습 중에는 인문학과 예술을 매개로 꾸준히 연습해 새로운 지식을 전두엽에 저장함으로써 감정에 영향을 주는 방법이 있다. 무의식으로 퇴행한 자아를 다시 세상으로 끌어내리려면 무엇보다 작은 일부터 시작해야 한다. 작은 일에서 성취감을 느끼는 것은 불안을 잠재우고 타인에 대한 공격성을 사랑으로 바꾸는 데 가장 중요한 길이다.

불안과 스트레스는 서로를 강화한다. 불안은 원래 적을 감지하고 생명을 보호하려는 가장 기본적인 감정이지만, 불안에 노출되면 스트레스와 마찬가지로 생화학적 변화가 일어난다. 변연계의 시상 깊숙이에서 만족감과 긍정적 정서를 담당하는 선조체는 감정을 담당하는 편도체, 불안을 억제하는 전전두피질 등 여러 부분과 연관된다.

이 부분의 신경회로를 약과 상담 모두가 강화해준다는 사실은 뇌과학과 정신분석이 서로를 보완하는 관계에 있음을 증명한다. 몸이 아프면 약을 먹어 고통을 누그러뜨린다. 물론 그 약은 오랜 시간 동물실험과 인체실험을 거쳐 해롭지 않다고 인정된 것이다. 이때 몸이 약에 긍정적인 반응을 보이지 않으면 어떻게 해야 하는가? 정신 질환을 치료할 때 상담이 뇌과학적 지식을 흡수하면 환자의 신뢰도를 높일 수 있다. 상담은 상부에서 하부 방향으로 몸과 감정을 조절하기에 상부에 자신감을 심어주면 도움이 된다. 인문학은 타인을 이해하고 세상을 너그럽게 받아들이는 데 도움을 줄 수 있다. 언어는 때로 상처를 주지만, 그 상처를 치료하는 약 역시 언어가 아닐까.

자폐증

자폐증은 우울증보다 심각하고 치료도 복잡하다. 증상 역시 개인에 따라 다양하지만 대략 다음과 같다. 유아는 태어나서 조금 지나면 어머니와 눈을 맞추고 타인에 대해 호기심을 가져야 하는데, 그런 반응이 없다. 옹알이를 하고 말할 나이가 되어도 잘 따라 하지 못한다. 음식이나 놀이 중 한 가지에 유독 깊은 관심을 갖고 그것에 몰입한다. 모든 선택에서 그런 집중이 나타난다. 세상에 대한 호기심이나 관심이 덜하다고 볼 수 있다. 보통 유아는 18개월이 지나면 차츰 외부에 많은 관심을 보이고 동시에 친근한 나를 경험하면서 정신적 시간 여행을 시작한다. 서사적 기억이 발달하는 것이다.

평범한 아이는 상징계로 진입하며 거울 단계(혹은 상상계)에서의 오인과 착각을 상상력의 원천으로 삼고, 이 두 단계를 포함하는 우반구로 은유를 이해하며 사물 전체를 볼 수 있게 된다. 과거를 현재 입장에서 떠올리기에 허구가 개입되고 사회적 시간과 개인적 느낌의 시간이 달라진다. 물론 아이가 이런 사실까지 알지는 못하겠지만, 경험이 쌓이면서 점차 회상이 가능해진다. 이런 현상은 좌반구에 저장된 경험을 우반구가 인출하기 때문에 일어난다. 상하의 균형으로 의식이 몸(감정)의 영향을 받아 매사에 유연하고 창조적이다. 나무가 아닌 숲을 보기에 나무만 보는 좌반구와 달리 세상을 넓게 보고 유머를 안다. 정상적인 유아가 어른이 되어가는 과정은 이렇다. 자폐증에서는 이런 변화가 거의 나타나지 않는다. 좌반구와 우반구의 균형에 문제가 있기 때문은 아닐까.

좌반구가 사물을 일반화한다면 우반구는 고유함을 느끼고 구체적인 장소와 사람들을 기억한다. 우반구에 결함이 생기면 전체를 보는 능력을 상실한다. 구체적인 개인에게 흥미를 잃고 서사적 기억을 못하며 개인의 친근한 기억, 슬픔 등 감흥과 관련된 기억을 하지 못한다. 자연을 재현하거나 인간적인 것들을 마음속에 간직하지 못하기 때문에 타인에게 공감하거나 함께 아파하는 능력이 약하다. 유용성엔 강하지만 타인에 대한 친근함과 관심에는 약하다. 공감하려면 거울 뉴런이 활성화되어야 한다. 거울 뉴런은 뇌의 상부에서 하부까지 넓게 퍼져 있다. 다음 장에서 보겠지만 공감 능력과 관련되기 때문에 감정 감염과 인지적 판단이 동시에 일어나야 한다. 무의식과 의식의 합동작전이 공감인 셈이다. 그러므로 타인의 행동을 모방하는 본능에서 시작해 상부 피질의 인지와 판단이 개입한다. 거울 뉴런 가운데 무의식을 포함하는 뉴런은 우측이다. 이 부분이 활성화되지 않으면 자의식이 제대로 발달하지 못하는데, 자폐증에서 활성화되지 않거나 활성화가 약한 뉴런이 바로 이 부분이다.

자폐아는 타인의 표정뿐 아니라 운율과 몸짓도 잘 이해하지 못해 시간과 공간에 대한 이해가 부족하고 언어적 소통에 약하다. 언어적 기능 자체는 좌반구가 우세하지만 언어 속 감정을 이해하고 표현하는 기능은 우반구가 우세하다. 유아가 어머니의 음성을 알아듣는 것은 우반구의 측두 두정피질과 관련이 있다. 우측 편도체는 무의식적인 감정적 처리에 관여한다. 우반구는 무의식(몸)을 동반하면서 의식의 세계로 진입하기에 자의식으로, 서사적 기억으로 전체를 조망할수 있는 것이다. 그러므로 우측 거울 뉴런에 손상이 생기면 자의식이 충분히 발달하지 못한다. 자폐아들은 사회성뿐 아니라 자기 자신에 대한 친근감도 약하다. 자폐아에게는 미세한 암시를 포착하고 타인과 공감하고 참과 거짓을 구별하며 음악과 예술을 감상함으로써 공감을 훈련하는 학습이 필요하다고 뇌과학자와 심리학자들은 조언한다.

다마지오의 말처럼 감정은 몸의 내적, 외적 균형을 맞추기 위한 생존의 대리자다. 몸의 정서와 감정을 저장하는 편도체는 해마를 거쳐 상부 피질에 저장된 개념에 의해 느낌을 인지하기에 두 영역이 단절되면 뇌의 균형이 깨진다. 이 특별한 균형이 항상성이다. 적절한 추구 시스템은 세상에 대한 관심과 호기심, 긍정적인 마음을 심어주어 건강에 이롭다. 그러니 자폐증 증상을 보이는 유아에게는 우측 거울 뉴런을 늘리는 데 도움이 되는 학습 및 부모의 꾸준한 사랑과 관심이 필요하다.

자폐증 증상이 있는 아이는 타인과 어울리는 법을 배워야 하기에 주변 사람들이 적극적으로 도와줘야 한다. 아이가 호기심을 갖고 세상의 다양한 일에 관심을 갖도록 이해하고 배려해주는 것이다. 따돌림이나 질책은 가장 나쁘다. 미국이나 유럽 국가들에 비해 우리나라에서는 이런 배려가 크게 부족하다. 학부모와 또래 학생들에게 적극적인 홍보가 필요한 부분이다.

이처럼 균형은 건강에 중요하다. 자폐증에서 볼 수 있듯 우반구와 좌반구가 균형을 이루지 못하면 항상성이 깨지고 우울증에서 볼 수 있듯 상부 피질과 피질하부가 단절되면 무의식으로 퇴행한다. 이때 피질하부는 신경전달물질을 분비하는데, 그 양이 지나치면 오히려 항상성이 깨진다. 예를 들어 도파민은 추구라는 감정을 위해 분비되는 호르몬이다. 그러나 지나친 추구로 인해 흥분 상태가 반복되면 중독이 나타난다. 너무 적게 분비되면 우울증이 되고 지나치면 일중독이 된다. 헤더 벌린의 말처럼 중독증과 우울증은 편도체 사이의 균형이 틀어질 때 나타난다(64, 69).

키스 오틀리를 비롯한 뇌과학자들은 감정이 항상성을 유지하기 위한 것이지만 지나치게 강하거나 넘치면 병을 유발한다고 말한다. 지나친 두려움은 공황장애를 일으키고 지나친 슬픔은 우울증을 부르며 지나친 불안과 혐오는 강박적인 충동조절장애를 부르기 쉽다(2014). 지나친 공포 반응 역시 상부와 하부의 연결이 단절될 때 일어난다. 예컨대 전쟁에서 돌아온 군인이 여전히 전쟁 중인 것처럼 느끼는 전후 외상이 그렇다. 전두엽은 전쟁이 끝났다고 알리지만 그게 편도체에 전달되지 않으면 몸은 여전히 공포 반응을 일으킨다는 것이다.

상부 피질을 다치면 부분적인 기능이 손상되지만 하부 피질을 다치면 목숨을 잃는다. 생명을 관장하는 것은 진화 이전의 동물성인 감정이다. 그런데 아이러니하게도 뉴런의 활성화 정도는 상부의 인지가 하부의 정서보다 더 크고 빠르다(Panksepp & Biven, 2012, 491). 행복한 삶을 위해서는 우반구가 더 중요한데 현실에서는 좌반구가 우리를 지배하는 이유가 여기에 있다. 기술과 효용성을 지속적으로 훈련하면 좌반구가 주인인 사회가 된다. 오만이 겸손보다, 악이 선보다 더 빠르게 퍼지고 경쟁과 질투가 공감에 앞서는 사회다.

건강을 위해서는 늘 평온한 마음을 유지하고 외적 자극이 지나칠 때는 양서를 읽거나 잠시 일에 몰두하면서 내적인 안정을 되찾는 게 좋다. 그리스 시대의 위대한 장편 서사시인 『오디세이아』는 장군인 오디세우스가 트로이 전쟁에서 승리한 뒤 갖가지 모험과 유혹을 이겨내고 고향으로 돌아오는 20년간의 여정을 다루는 작품이다. 집에서는 그의 아내 페넬로페가 남편의 자리를 넘보는 주변 남자들의 유혹을 물리치며 20년 동안 남편을 기다린다. 그녀는 그 긴 시간을 어떻게 버텼을까. 그녀의 버팀목이 되어준 것은 남편이 돌아올 때까지 삼베옷을 짜는 일이었다. 낮에는 베틀에 앉아 베를 짜고 밤에는 그 베를 풀었다. 같은 일의 꾸준한 반복이 그녀를 불안에서 구해준 것이다.

예민한 사람들이 어떤 일에서 두각을 나타내는 이유는, 언제나 돌아와 기댈 수 있는 자신만의 일이 있기 때문이다.

성폭력

성과 사랑은 다른가? 다르다면 어떻게 다른가? 성과 사랑은 수많은
문학과 영화의 주제이고 거기에는 여러 이론이 있을 것이다. 그중 프
로이트를 능가할 사람은 없다. 그는 인간을 움직이는 에너지인 리비
도의 본질을 성으로 규정했다. 그리고 유아기 성이 사춘기에 귀환하
며 유아기 성을 잘 억압하지 못하면 신경증이 된다고 주장해 오이디
푸스 콤플렉스, 거세 콤플렉스 등의 용어를 고안했고 그 용어로 환
자들을 분석했다. 동료나 후세 사람들이 그의 이론에 반기를 들기도
하지만, 우리는 여전히 그를 읽는다. 성폭력에 관해서는 특히 그렇다.
뉴런들 사이의 균형 문제로 이 문제를 풀어볼 수 있을까.

프로이트가 말한 '유아기 성'은 온몸으로 느끼는 에로스다. 엄마
처럼 먹이고 돌봐주는 사람과 한 몸이라는 착각에서 오는 충만감으
로 애정 성향the Affectionate Current이라고도 부른다. 생명 본능, 혹은 자
아 보존 본능에 속하며 편안한 충만감이라는 점에서 항상성과도 비
슷하다. 성인이 되어서도 이때의 경험이 몸에 남아 모든 사랑의 원천
이 된다. 유아기에 충분한 보살핌과 사랑을 받는 게 중요한 이유다.
사춘기 이후의 성은 몸의 특정 부분에 집중되고 종족 보존과 연관
된다. 이때의 성을 관능 성향the Sensual Current이라 부른다. 이 두 가지
성향이 조화를 이룰 때 행복한 사랑을 이룰 수 있다는 게 프로이트

의 주장이다.[3] 그런데 이게 쉽지가 않다. 에로스는 너와 내가 하나 되려는 소망이고 하나가 되기 위해서는 파괴 충동이 작동하는데 이건 사랑이 아니다. 프로이트는 의식에 의해 억압된 무의식 혹은 본능을 쾌락원칙이라 부르고 그 너머에 공격성과 죽음충동이 있다고 설명한다. 주체의 구성이 나르시시즘에서 출발하기 때문이다.

아버지를 죽이고 어머니와 결혼한다는 신탁을 피하기 위해 애쓴 일들이 오히려 신탁을 실현시킨 오이디푸스의 아이러니에서 프로이트는 무의식이 그런 것이라고 설명했고, 물에 비친 자신의 모습에 반해 물에 빠진 나르키소스 신화에서 성과 관련된 리비도의 특성을 발견한다. 대략 6개월부터 18개월 사이, 유아는 거울을 보고 환호하며 이미지를 잡으려고 한다. 여기서 동물과 갈라선다. 이때 거울에 비친 이미지는 이상적 자아the Ideal Ego로 사회에 진입하면 자아 이상the Ego-ideal이 된다. 프로이트는 전자를 원초적 나르시시즘, 후자를 이차적 나르시시즘이라 부른다. 전자는 무의식이고 후자는 의식이다.

사랑에 빠졌을 때 연인은 자아 이상이다. 이상적 자아이기에 그는 곧 나 자신이고 나와 하나가 되어야 한다. 이것이 성 충동과 연결된 에로스다. 그러나 사회 속에서 그는 나와 다른 개인이고 닿을 수 없는 높은 곳에 있다. 사랑의 고통은 대상과 하나 되고 싶은 원초적 나르시시즘과 그렇게 될 수 없는 이차적 나르시시즘에 있다. 이차적 나르시시즘 속에는 원초적 나르시시즘이 자리 잡고 있다. 프로이트는

---

3   S. Freud, "Three Essays on the Theory of Sexuality," *Standard Edition* 7(1905): 123-243.

무의식이 있다고 일관되게 주장했다. 그가 성을 리비도의 본질로 보고 유아기 성을 주장한 것은 무의식이 사랑에서 가장 잘 드러나기 때문이다. 예를 들어 성폭력은 너와 내가 하나라고 믿는 원초적 나르시시즘에서 출발한다. 현실에서는 그렇게 되지 않으니 참지 못하고 공격성이 나타나는 것이다. 너를 끌어내려 나와 동등하게 만들려고 할 때 증오와 질투, 그리고 죽음충동이 일어난다. 그러나 이것은 사랑이 아니다.

연인이 폭력성을 드러낼 때 성관계를 가지면 공격성이 누그러질 거라고 생각할 수 있는데 이는 오산이다. 성관계는 쾌락원칙으로 퇴행하는 행위로 에로스적 욕망을 부추겨 소유관계라는 착각을 강화한다. 현대에 성폭력이 자주 일어나는 것은 청소년이 성적 욕망을 불러일으키는 음란 영상물에 너무나 쉽게 노출되기 때문이다. 음란물은 성관계의 특성인 사도마조히즘적 공격성을 자극하고 사랑을 소유관계로 착각하게 만든다. 더 나아가 공격성에 자주 노출되는 것은 테러의 원인이 된다.

먼 곳에 높이 올라 있는 대상을 향해 지속적인 감정을 갖거나, 결혼하여 성관계를 통해 조금씩 폭력성을 배출하면서 자녀를 낳아 정을 쌓는 길만이 사랑의 안전지대다. 전자를 프로이트는 승화Sublima-tion라고 부른다. 승화는 성관계 없이 연인을 높이 올려놓고 사회가 인정하는 숭고한 목적을 향해 나를 발전시키는 길이다. 너를 얻기 위해 나를 발전시키는 사이 시간이 흐르면서 사랑의 감정은 약해지고 아름다운 추억의 일부가 된다. 반대로 너를 끌어내려 나와 동등하게 만들려는 것은 폭력으로도 이루어질 수 없다. 너를 끌어내리려는 것은 곧 나를 끌어내리려는 것과 같기 때문이다. 대상을 증오하고 공격하면 나를 증오하고 공격하게 된다. 이것이 거울 단계라 불리는 무의식의 속성이다.

사랑은 이렇게 무의식 속 강렬한 욕망을 의식으로 승화하는 기쁨이다. 무의식을 감싸안은 의식이기에 좌반구가 아니라 우반구에 속한다. 사랑은 우반구의 위대한 선물이다. 만일 우반구와 좌반구의 균형이 깨지면 어떤 일이 벌어지는가. 너와 내가 하나라는 무의식에 치우쳐 성폭력이 되거나 반대로 의식에 치우쳐 사이코패스가 된다. 좌반구에 치우치면 사랑을 효용성과 합리성으로 이해하기에 계산적이고 도식적인 관계가 된다. 예를 들어 너는 내가 좋아하는 것을 해야하고 내가 사주는 옷을 입어야만 한다. 좌반구에 치우친 사랑은 성관계를 아이를 낳기 위한 것으로만 생각하며 감정이 개입되는 공감을 하지 않는다. 효용성 앞에서 감정은 사치일 뿐이다. 이것 역시 성폭력이다.

올바른 자의식이란 좌반구와 우반구가 균형을 이룬 것이다. 사랑이라는 힘든 여정은 유아기에 경험한 애정과 타인과 더불어 살려는 관능이 조화를 이루는 노력의 열매가 아닐까? '나'라는 자의식은 타인을 인식하는 데서 온다. 침팬지나 오랑우탄 같은 고등 영장류는 자의식이 있으나 원숭이는 그렇지 않다고 알려져 있다. 진화를 상정하는 자의식에는 결정적으로 우측 전전두엽이 개입된다. 우반구가 몸과 전두엽을 연결하기에 언어는 몸에 뿌리내리고 은유를 모르는 좌반구의 언어 때문에 생긴 질병을 치료한다. 은유는 좌반구의 논리보다 먼저 있었다.

문학과 음악은 우반구에 속하지만 새들의 노래는 좌반구에 속한다. 우반구가 살아 있는 돌고래와 고래는 음악으로 소통한다. 우반구에서 언어는 소통을 담당하기에 우측 전두엽이 약한 사람은 은유, 유머, 공감이 약하고 사회성이 약하다. 바이올린 선율과 새들의 노래가 조화를 이루는 사랑이 애정과 관능의 조화 아닐까.

왜 예술가 중에
정신질환자가 많은가

고흐와 뭉크는 조울증에 시달렸고 바이런과 울프는 조울증과 자살충동에 시달렸다. 울프는 끝내 주머니에 돌을 넣고 강물로 걸어 들어가 죽음을 맞았다. 헤밍웨이는 우울증에 시달려 수차례 전기충격치료를 받은 것으로 알려졌고 니체는 정신병동에서 생을 마감했다. 그 외에도 우울증이나 정신 질환으로 병원을 드나든 예술가가 적지 않다. 정신의학자 낸시 안드레아센은 생존 작가들의 창의성을 조사했는데 이들은 창의적이지 않은 이들에 비해 양극성 장애를 지닐 확률이 4배, 우울증을 지닐 확률은 3배 더 높았다(캔델, 2020, 21). 양극성 장애라면 우울증에서 조증 단계로 넘어갈 때 의욕이 분출하고 예술적 창의성이 크게 강화된다고 한다. 조현병 환자들 중에서도 미술에 창의성을 발휘하는 이들이 있었다.

캔델은 예술가나 과학자 가운데 정신질환자가 많은 이유는 유전적 성향이거나, 뇌의 어느 부위가 약화 혹은 강화되거나 시냅스 소통이 막혀 무의식이 활성화될 때 창의성이 튀어나오기 때문이라고 설명한다. 예를 들어 좌측 전두엽에 문제가 생기면 우측 전두엽이 강화되고 독창성이 솟구친다. 뇌의 하부와 우측 전두엽에서 독창성이 나오는 것은 이 부분에 무의식이 자리하기 때문이다. 왜 그럴까. 기존 질서나 사유는 의식에 속한다. 의식은 현실에 대응하기 위해 상징 질서의 경험을 열심히 따른다. 의식은 자신이 무의식에 뿌리내렸다는 사실을 모른다. 의식이 약해지는 틈새를 뚫고 솟구치는 에너지가 무의식이다. 현실에 저항하는 야생마다. 따라서 무의식의 활성화는 기존 질서, 사유를 혁신하거나 기존과 다른 현실을 창조하는 동력이 된다. 거울 단계의 오인이 의식으로 진입한 뒤 의식의 경계를 넘어서는 잉여로서 상상력이 된다고 할 수도 있겠다.

무의식의
창의성

정신 질환을 뇌과학적으로 설명하고 창의성으로 연결해보자. 우울증은 감정에 치우친 상태로 해마와 전두엽 사이의 뉴런이 약해지거나 손상되고 그 대신 편도체가 과도하게 활성화될 때 나타난다. 조현병은 해마와 전두엽 사이가 단절되어 사회성으로 가는 통로가 막히는 현상이다. 프로이트는 조현병을 패러노이아로 언급하면서 슈레버의 사례연구에서 보듯 망상과 환각의 원인을 찾으려 했다. 라캉은 조현병을 정신병Psychosis이라 언급하고 주체가 상징계로 진입하는 길이 막혀버린 '폐제廢除'라고 설명한다.

　자폐증 환자는 우측 거울 뉴런이 없어 타인을 모방하는 능력이 약하다. 공감의 첫 단계는 자동으로 타인의 마음을 똑같이 느끼는 것인데 거울 뉴런이 없으면 이 무의식적 단계가 없어져 공감이 어려워진다. 감정을 담당하는 편도체와 사회성을 조정하는 전두엽이 단절되어 타인에게 공감하지 못한다. 이때 논리와 효용성을 담당하고 사회성을 대변하는 좌반구에 손상을 입어 대신 우반구가 활성화되면 이른바 서번트라 불리는 독창적인 예술가가 탄생하기도 한다.

　자폐증의 창의성을 서사적 기억의 결핍으로 설명해볼 수 있다. 우측 거울 뉴런이 없으면 서사적 기억이 약해진다. 과거를 현재 입장에서 떠올리는 회상에는 허구와 망각이 개입되는데 이는 좌반구에 저장된 경험을 우반구가 인출할 때 일어난다. 이런 접촉이 이뤄지지 않으면 과거의 사건이나 딱 한 번 본 장면을 정확히 기억하거나 그릴 수 있다. 자폐증은 기억의 허구성을 경험하지 못하고 은유와 유머에 약하다. 대신 허구성에 덜 의존하기에 보통 사람이 경험하는 것과 같은 흔한 생각은 덜 한다. 자폐와 서번트는 본 것과 들은 것을 정확하게 기억한다. 빠뜨림도 덧붙임도 없이. 보통 사람의 좌반구는 논리와 효용성을 위해 우반구의 창의성을 억제하는데, 자폐증은 좌반구의 억제하는 힘이 약하다. 그래서 우반구가 대신 활성화되는 것이다. 좌반구의 억제가 느슨해져 뇌가 무의식적으로 새로운 것을 떠올리기에 창의성이 나타난다.

　사이코패스는 변연계와 그 주변 회백질이 보통 사람보다 더 많다. 키엘이 말하듯 변연계와 전두엽의 연결 회로가 망가져 있다. 그 결과 해마와 편도체가 전두엽에 감정을 보내지 못하게 된다. 느낌이 없는 것이다. 공감이 결여되고 자신이 세운 규칙과 원칙에 사로잡혀 독선에 빠진다. 감정을 처리하지 못하거나 약하게 처리해 도덕적 판단을 못 한다. 도착증은 편도체가 전두엽과 단절되고 정서와 단절되어 상징계에 갇히는 것이다. 그런 사람들은 의식 안에 무의식이 있음을 거부한다. 법을 지나치게 밀어붙일 때 몸의 여분, 혹은 감정의 여분이 발생한다는 것을 모른다.

캔델은 『마음의 오류들』에서 예술가와 뇌의 관계를 추적하며 실험적 미술, 그중에서도 추상미술에 관심을 보인다. 의식을 반영하는 구상화는 추상화에 비해 실험성이 약하고 무의식도 덜 표출되기 때문이다. 추상화에서 창의성은 어떻게 표출되는가. 관심에 따라 준비 기간을 갖고 나면 이전까지 연관 없어 보였던 요소들이 뇌에서 연결되며 "아하!" 하는 깨달음이 온다. 깨달음은 후속 작업으로 이어진다. 예를 들어 긴 기간 피아노를 연습해 저절로 재조합되는 음악적 착상이 머릿속을 가득 채우고 있었기에 무의식이 창조력을 발휘한다는 것이다.

좌반구의 통제가 약화되는 순간 우반구가 활성화되고 창의성이 나타난다. 예를 들어 좌측 전두엽의 손상으로 치매에 걸린 사람은 상대적으로 우반구가 활성화되어 창의성이 나타난다. 좌반구는 늘 같은 자극에 반응하지만, 우반구는 반복되는 자극에는 무뎌지고 새로운 자극에 활발해진다. 따라서 우반구가 창의력이 높다(207). "아하!"는 우반구가 활성화되는 순간에 나온다. 캔델에 따르면 모든 패러다임은 무의식을 해방하는 작업이다(218). 폴 세잔과 그 이후 입

르네 마그리트, 「백지 위임장」, 캔버스에 유채, 81.3×65.1cm, 1965, 워싱턴 내셔널 갤러리.

체파 화가들처럼 전통적인 부르주아의 관점과 억제에서 벗어났을 때 새로운 것을 보여줄 수 있다.

초현실주의자들은 의식이 억압한 욕망을 탐구하고 합리적 사고를 거부하며 무의식의 창의성을 발산시키려 했다. 앞서 말했듯 살바도르 달리는 녹아내리는 시계를 통해 합리적인 상징계의 시간과는 다른 주관적인 경험의 시간을 표현한다. 벨기에 화가 르네 마그리트의 초현실주의 작품 「백지 위임장」을 보자. 어머니의 우울증과 자살 충동에 큰 영향을 받은 그는 무의식의 위력을 표현하고자 했다.

이 그림을 이해하는 데는 제임스의 심리학이 가장 유용할 것 같다. 제임스는 의식이 주변 환경과 물질의 영향을 받는다고 주장했다. 그는 투명한 주체를 거부하며 한 사람의 물질적 환경과 부모, 집안, 재력 등 환경까지 의식의 일부가 된다고 주장했다. 「백지 위임장」은 몸과 물질 사이의 교감과 소통을 재현한다. 말을 탄 여인의 몸이 주변의 나무와 씨줄처럼 엮여 있다. 고흐의 그림에서는 무의식이 화면을 뚫고 튀어나올 것만 같다. 나무와 빛과 하늘이 꿈틀거리며 흘러내린다. 인상파와 초현실주의는 그림 속에 무의식을 담은 성공적인 실험이었다.

문학은 추상화와 조금 다르다. 창조성이나 실험성에선 무의식이 활성화될지언정 그것을 서술하는 데는 좌반구의 기술력이 꼭 필요하다. 어느 한쪽이 약화되어 창의성이 발현된다기보다는 양쪽이 균형을 맞춰야 한다. 의식적인 구성으로 글을 쓰다보면 어느 순간 무의식이 튀어나오기 때문이다.

미국 작가 F. 스콧 피츠제럴드는 『위대한 개츠비』에서 거의 완벽에 가까운 구성을 선보인다. 서부에서 동부로 온 개츠비는 밤마다 대저택에서 광란의 파티를 열고 데이지가 오기를 기다린다. 대저택 옆에는 작은 집이 딸려 있는데 여기에 서부에서 온 순수한 청년 닉이 세들어 산다. 소설은 닉의 시점으로 서술된다. 닉의 시선을 넘어서는 곳은 자동차 사고 이후의 이야기뿐이며 마지막의 도덕적 판단도 닉이 내린다.

피츠제럴드는 초기에 『낙원의 이쪽』으로 대성공을 거두었으나 곧이어 파티와 술, 아내 젤다에 대한 헌신으로 시간과 삶을 낭비했다. 생활고로 단편을 많이 썼고 다시 한번 대작을 쓰려고 했지만 잘되지 않았다. 이후 『밤은 부드러워라』라는 장편을 내놓았지만, 몇 번이나 구성을 고쳐 쓴 이 작품은 당시에 주목받지 못했다. 아니 그는 이미 대중의 관심에서 벗어나 있었다. 결국 알코올중독으로 술 없이는 아무것도 할 수 없게 되고 용돈이라도 벌기 위해 할리우드에서 시나리오를 썼으나 성공하지 못하다가 44세에 심장마비로 삶을 마감한다. 알코올중독으로 구성하고 조직하는 전두엽의 기능이 많이 떨어진 탓에 『밤은 부드러워라』는 그토록 고쳐 썼음에도 여전히 구성이 산만했다. 이 작품은 20세기 후반이 돼서야 인정받는다. 흩어지고 산만한 구성이 그의 후기 삶과 주인공의 정신적인 상실을 그대로 보여주었기 때문이다.

환각과 망상을
거부하는 힘

조현병에 시달린 존 내시나 잭 케루악은 환각과 망상을 약물로 완화하는 동시에 자신에게 장애나 질병이 있다는 것을 스스로 깨달으면서 치료에 들어섰다. 이 단계로 유도하는 데는 심리치료가 필요하다. 자신의 병을 받아들이고 스스로 망상을 거부하는 능력을 학습하는 것이다. 나는 수치스럽거나 나쁜 사람이 아니며 그저 망상과 환각에 시달릴 뿐인 선한 사람이다. 그리고 언제든지 내게 맞는 일을 찾을 것이다. 망상이나 환각을 물리치기 위해 존 내시는 약물치료 외에도 프린스턴대학 도서관의 칠판이나 유리창에 무수한 수식을 쓰고 지운다. 상상력과 창조성에 몰입하면서 좌우 뇌의 균형을 다시 맞춘다. 공부를 되찾고 강의를 하면서 자긍심으로 환각을 거절하는 것이다.

캔델에 따르면 뇌 질환은 뇌의 회로 가운데 어떤 부분이 지나치게 활성화되거나 덜 활성화되어 효과적인 소통에 장애가 생길 때 나타난다. 서로 다른 기능을 담당하는 좌반구와 우반구는 한쪽이 약해지면 다른 쪽이 강해진다. 뇌의 어느 신경회로가 꺼지면 그 회로가 억제하고 있던 다른 회로가 켜질 수 있다는 것이다(2020, 370). 자폐증과 조현병은 시냅스 가지치기와 관련 있는데, 자폐증은 가지치기가 충분히 이루어지지 않은 것과 관련되고 조현병은 너무 많이 일어나는 것과 관련된다. 양극성 장애는 서로 간에 동일한 유전적 변이체를 공유하기도 한다고 캔델은 말한다(371).

경험과 학습이 뇌의 회로에 변화를 주어 균형을 회복시킬 수 있는 건 뇌의 가소성 때문이다. 학습 경험이 뉴런들의 연결을 변화시킨다(373). 어떤 경험을 반복하느냐에 따라 뉴런의 배열이 바뀔 수 있다는 발견은 어떤 치료로 각 개인의 인지와 판단에 변화를 줄 것인가 하는 문제와 연관된다. 예를 들어 인문학의 경시는 좌반구의 경직성을 강화하고 우반구를 약화한다. 균형이 깨지면 공감이 제대로 작동하지 못한다.

　이런 맥락에서 생각은 흐르며 뇌에는 가소성이 있으니 배움과 학습이 중요하다는 제임스의 말이 떠오른다. 실용주의 철학의 선구자로서 그는 감정이 어딘가에 있다가 툭 튀어나오는 구성체가 아니라 그때그때 구성되는 것이라는 최근의 주장에 설득력 있는 근거를 제공한다. 예를 들어 리사 펠드먼 배럿의『감정은 어떻게 만들어지는가』를 읽고 있으면 윌리엄 제임스의 그림자가 어른거린다. 그녀는 개념이 주로 전전두엽에서 경험과 학습에 의해 형성되는데, 외부 자극을 받으면 시뮬레이션이 만들어지며 그에 맞는 감정을 추측하고 구성하게 된다고 주장한다. 예측은 의식의 자각 전에 일어나기에 자유의지란 없다. 울기에 슬프고 웃기에 행복하다는 제임스의 말과 같은 맥락이다. 자극에 대한 몸의 반응으로 일어나는 감정은 변연계를 거쳐 전두엽에 저장된 경험으로 예측된다. 이것이 느낌이고 사유다. 그러므로 생각은 개인의 경험과 환경에 의해 주관적으로 형성되며, 시간에 의해 경험이 깊어지면서 예측과 판단이 성숙해진다.

　제임스가『심리학의 원리』에서 말한 혁신적인 발견은 이렇듯 최근 심리학이나 인지과학에서 새롭게 증명된다.[4] 지각, 느낌, 기억이 전두엽에 저장된 경험으로 형성된다는 배럿의 논의는 경험(감정)이 풍부하면 판단의 오류가 줄어든다고 하는 점에서 제임스의 주장과 비슷하다. 따라서 저장된 개념이 없다면 모든 감각은 잡음이다(70-80). 건강한 몸은 긍정적인 감정 개념을 위해 좋은 경험을 전두엽에 두둑하게 저장해놓는다. 같은 재료로 만든 음식이라도 컵 케이크로 생각하고 먹느냐 건강에 좋은 머핀으로 생각하고 먹느냐에 따라 대사 작용이 달라진다고 한다(94). 감정이 신체에 미치는 영향이 그만큼 크다는 뜻이다. 배럿은 이렇게 조언한다. 건강하게 먹고 운동하고 잠을 충분히 자라. 조용하고 평온한 주변 환경도 중요하다. 낯설고 흥미 있는 일에 몰두하라. 적절한 동요와 평온이 건강을 좌우한다. 불안이나 우울은 정신과 신체를 해친다. 신경전달물질의 균형을 깨뜨리기 때문이다. 물론 가장 기본적인 정서 혹은 기분Affect은 인지의 일부다. 타고난 기질도 인지에 영향을 미친다는 의미다.

기억과 감정만 논의하면 공감이 섭섭해한다. 세 가지 기능은 서로 떨어뜨릴 수 없이 연결돼 있으며 생존을 위해 진화한 뇌의 핵심들이다. 특히 공감은 진화한 인간에게 신이 내린 은총이다. 모든 정신 질환이 무너진 균형과 관련되듯 공감은 균형과 직결된다. 공감은 흔히 알듯이 너와 의견을 같이한다는 뜻이 아니다. 그보다 훨씬 더 미묘하고 섬세해 '너를 안다는 착각을 버려라'라는 의미에 가깝다. 다음 장에서는 균형이 깨진 기술 중심 사회에서 공감이 가장 절실한 덕목인 이유를 알아본다.

---

4 2021년 출간한 『감정 연구』에서 나는 제임스의 『심리학 원리』를 프로이트의 심리학 및 최근 뇌과학과 연결하면서 감정을 일곱 개의 키워드로 설명했다.

4장

공감: 균형 잡힌 뇌

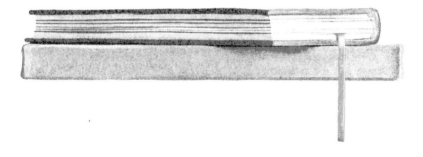

우리는 믿기에 아는가, 아니면 알기에 믿는가. 당연히 아니까 믿는 거 아니냐고 답하기 쉽다. 그러나 뇌의 뉴런 입장에서 우리는 믿기에 보고 믿기에 안다. 전두엽에 이미 저장된 경험(기억의 흔적들)의 눈으로 대상을 인지하고 판단하기 때문이다. 같은 맥락에서 우리는 행복해서 웃는가 아니면 웃기에 행복한가? 당연히 행복하니까 웃는 거 아냐? 아니면 둘 다 옳은가?

월리엄 제임스는 프로이트와 거의 동시대에 살았던 미국의 심리학자다. 그는 '나는 생각한다, 고로 존재한다'라는 데카르트의 의식 Cogito을 진화론과 뇌과학의 입장에서 '의식의 흐름'으로 바꾼다. 프로이트와 함께 그를 뇌과학의 선구자로 보게 한 이 책은 『꿈의 해석』보다 10년이나 먼저 나왔다. 프로이트가 자신의 가설을 정신분석으로 발전시켰다면 제임스는 미국의 실용주의와 유럽의 현상학에 큰 영향을 미쳤다. 학창 시절 나는 베르그송이라는 이름은 들어봤어도 윌리엄 제임스는 들어본 적이 없다. 그러나 프랑스의 앙리 베르그송의 『물질과 기억』은 제임스 심리학의 일부인 생각의 물질성을 정리한 책이나 다름없다. 이미 헤겔이 『정신현상학』을 출간하긴 했지만, 20세기에 하이데거와 메를로퐁티가 현상학을 발전시키는 데에도 제임스는 징검다리가 되었다.

무엇이 제임스를 뇌과학자인 동시에 심리학자로 만들었을까. 감정 연구에서 중요한 그의 글 「감정은 무엇인가?」를 잠깐 살펴보자. 제임스는 말한다. 슬퍼서 우는 게 아니라 울어서 슬픈 것이고, 무서워서 도망치는 게 아니라 도망치기에 무서운 것이라고. 얼핏 궤변처럼 들리는 이 말은 뇌과학자인 조지프 르두나 다마지오가 긍정하듯 과학적인 진실이었다. 외부 자극을 받으면 뇌의 하부, 변연계 아래에서 감정이 일어난다. 변연계의 편도체는 이 반응을 수용해 해마에 전달하고 해마는 상부의 전두엽과 접촉한다. 그리고 저장된 경험의 눈으로 그게 어떤 감정인지 판단한다. 물론 이 과정은 순식간에 일어난다. 그래서 우리는 심부름꾼이 전달하는 느낌이 전부라고 믿는다.

몸의 반응이 먼저고 의식이 다음이니 먼저 도망친 다음 무섭다고 느끼는 것인데 왜 우리는 거꾸로 알고 거꾸로 말할까? 나는 여전히 무서워서 도망치고 슬퍼서 운다. 우리는 뇌 안에서 무슨 일이 일어나는지 볼 수 없고 그걸 보면서 살아가기에는 시간이 너무 빨리 흐르기 때문이다. 의식을 잃으면 모든 것을 잃기에 우리는 매 순간 의식의 명령을 따른다. 그러니 안다는 것은 정말 아는 게 아니다. 앎은 뇌 안에서 태어나고 그것은 느낌과 큰 차이가 없다. 이런 의미에서 뇌과학은 심리학과 소통한다.

제임스 심리학은 최근 배럿의 심리학에서도 비슷하게 반복된다. 그녀는 우리는 알기에 믿는 것이 아니라 믿기에 알고 믿기에 본다고 말한다. 알기에 믿는 것이 아니라니? 믿음은 뇌 안에서 일어난다. 근거는 몸과 전두엽에 저장된 경험이다. 그러나 우리는 이 부분을 의식하지 못한다. 무의식에 속하는 부분이기 때문이다. 그렇다면 의식이 아는 것보다 믿는 것이 먼저다. 신의 말씀을 믿으면 같은 사실을 다르게 볼 수 있다. 신의 눈으로 세상을 보기에 믿음이 아는 것보다 먼저다. 믿음 가운데 가장 강한 것이 사랑이라는 감정이다. 그래서 사랑에 빠진 채 보는 연인은 환상이다. 그는 당분간 세상의 모든 것이다. 제임스가 아니라고 말했건만, 프로이트가 무의식이 있다고 평생 반복했건만, 여전히 당신은 나의 모든 것이고 나는 행복해서 웃는다.

우리가 무의식을 모르고 의식이 전부라고 믿으면 많은 오류가 일어난다. 특히 공감에서 그렇다. 공감은 무의식과 의식이 균형을 이룰 때 가능하다. 공감은 너를 안다는 착각을 버리는 연습이다. 이렇게 말하면 고개를 갸우뚱할지도 모른다. 어렵다 어려워. 나와 네가 같은 마음인 게 공감 아니야? 그건 공감이 아니라 착각이다. 기억이나 감정처럼 공감 역시 무의식과 의식의 균형, 소통의 산물이다. 왜 그런지 이제부터 천천히 알아보자.

내가 쓰려던 걸
그 사람이 이미 다 썼어요:
소설의 공감

어린 시절, 영화가 귀했던 때 가끔 동네 초등학교 운동장에서 영화를 보여주었다. 저녁을 먹은 뒤 사방이 캄캄해지면 운동장 한 귀퉁이에 커다란 막이 바람에 펄럭였다. 사람들은 설레는 가슴으로 몰려들어 고개를 하늘로 쳐들고 천 위에서 움직이는 사람들의 이미지를 홀린 듯 올려다보았다. 스피커는 웅웅거리고 이미지는 흑백이었지만 우리는 밤 늦게야 집에 돌아왔다. 그리고 방금 본 이미지들이 떠올라 한동안 잠을 이루지 못했다. 그로부터 조금 지나 엄마 아빠 손을 잡고 영화관에서 「자유부인」 「오케이 목장의 결투」를 봤다. 성적을 잘 받아왔다며 저녁을 사주고 영화를 보여주셨던 것인데, 「자유부인」은 엄마가 아이를 안고 눈이 펄펄 내리는 앞마당에 앉아 우는 마지막 장면만 떠올랐다. 그 나이의 눈에는 다른 게 보이지 않았던 것이다. 「오케이 목장의 결투」는 동생과 주제가의 첫 구절을 몇 날 며칠 불러 젖혔다. 스크린의 배우를 흠모하고 그 배우 사진을 모은 것은 한참 후의 일이다. 고등학생 때는 한동안 버트 랭커스터를, 대학생 때는 영화 「남태평양」에 나온 존 커를 좋아했다. 그리고 2011년에는 「글래디에이터」에 나온 러셀 크로에게 2년 정도 푹 빠졌다. 그가 출연했던 영화의 DVD를 구하고 그의 사진들을 모으고…… 그 나이에…….

나는 어릴 때부터 소설도 많이 읽었는데 소설 속 남자 주인공에게 빠진 적은 한 번도 없었다. 왜 우리는 영화배우나 무대 위 가수에게는 열광하면서 소설 속 주인공에게는 그러지 않는가? 누군가는 이건 뭐 질문도 아니잖아, 하고 말할지 모르지만 나는 이걸 좀 파헤치고 싶다. 둘 다 공감인데 왜 다르게 나타날까?

소설을 읽으면서 독자는 주인공의 말이나 행동에서 자신을 발견하고 이야기 속으로 빠져든다. 나도 인물과 비슷한 입장인데, 과연 이 친구는 어떤 선택을 내릴 것이며 또 그 결과는 어떻게 될까. 그의 지금 선택이 옳은 것일까. "흠, 잘되는군, 나도 저렇게 살 거야." 결과가 좋으면 그의 선택과 인격을 마음에 새긴다. 반대로 잘못된 행동을 하고 있으면 그와 거리를 두고 지켜본다. "이건 아닌데……." 말하자면 소설 속에서의 공감이란 인물과 동일시하면서 동시에 비판적인 거리를 유지하는 것이다. 선택이 옳지 않으면 "거봐라, 당연하지"라고 생각하면서 그를 질책한다. 동시에 자신의 경험과 대조한 뒤 안도의 숨을 내쉬거나 후회 속에서 교훈을 얻는다. 이것이 문학이 주는 전통적인 공감이다. 감정이입Empathy이라고 불리던 공감은 재미와 교훈이라는 두 가지 기능으로 인간 삶에 공헌하며 문화의 주류를 이루고 있다. 아리스토텔레스가 『시학』에서 말하듯 행동의 모방, 그리고 구성이 감동의 근원이 된 것이다.

그러나 나는 주인공을 흠모하거나 그에게 열광하지 않는다. 그는 내 상상 속에서 재현된 인물이지 실제로 존재하진 않기 때문이다. 좋은 작품을 읽고 그 감동으로 며칠씩 생각하기는 해도 그것이 인물에 대한 열정으로 이어지지는 않는다. 나는 인물과 나를 동일시하지만 나와 그를 혼동하진 않는다. 상상 속에서 그는 나이기도 하고 동시에 내가 아니기도 했다. 그저 육체가 없는 추상적 이미지였다.

뇌의 해마와 전두엽은 내가 현실에서 부딪히는 문제와 소설 속 인물이 부딪히는 문제를 혼동하지 않는다. 그에게 호기심을 느끼지만 완전히 몰입하지는 않는다. 몰입의 농도가 다르다. 내가 상상하는 인물은 저자의 창조물이기 때문이다. 상상력의 주체는 나이지만 인물은 내가 아니라 저자에 속한다. 나는 인물과 동일시하면서 거리를 둘 때 늘 저자가 작품 속에서 말하려는 주제가 무엇인지 생각하면서 읽는다. 내가 느끼고 판단하는 인물이라고 해도 결국 저자의 창조물임을 인지하기 때문이다. 인물의 주인은 저자고, 나는 저자의 의미를 판단하면서 작품의 최종 의미를 생각하는 독자다. 그러다보니 잘 쓰인 소설에서 내가 좋아한 사람은 인물보다 저자였다. "내가 쓰려던 것을 그 사람이 이미 다 썼어요."

문학의 공헌은 대리 경험을 통해 미래의 위험을 예방하고 과거의 잘못을 되풀이하지 않을 수 있다는 것이다. 또한 경험을 통해 타인을 이해하고 세상을 이해할 수 있다는 것이다. 우리는 전두엽에 이런 경험들을 저장해 현실에 대응하는 상상력을 확보한다. 타인과 공감하는 능력을 기르는 데 주로 이야기를 해석하고 경험을 저장하는 전두엽과 상부 피질이 관여하기 때문이다. 인물과 동일시하는 하부 피질의 본능은 물론 그에 못지않게 이야기를 해석하는 상부 피질의 능력도 개발되고 발전한다. 이것이 극, 소설이 의식의 진화에 공헌한 이유다.

영화의
공감

영화에서의 공감은 조금 다르다. 감동적인 영화를 본 뒤 감독이나 각본가, 의상 담당자에게 빠지는 사람은 거의 없다. 그보다는 등장하는 인물과 강렬한 동일시를 한다. 때로는 악인에게도 동일시를 한다. 매력적인 악인은 선하지만 나약한 주인공보다 더 끌린다. 영화 속 인물이나 이야기의 구성보다 연기한 배우에게 더 끌리는 것이다. 말의 내용보다 그의 표정과 음성, 눈빛, 몸짓, 말투 등 카리스마가 관객을 더 압도한다. 모두 연기인 것을 알면서도 마치 실제 그 사람인 듯 빠져들어 대중의 아이콘이 된다. 뒤에서 지휘하고 만든 여러 사람은 묻히고 배우가 스크린을 압도한다. 응시(욕망의 시선)의 힘은 그토록 강력하다. 만일 아카데미 영화상이 감독상, 각본상, 미술상 등 한 편의 좋은 작품을 만들기 위해 애쓴 여러 사람을 호명하고 상패를 안기지 않는다면 우리는 그저 배우들만 기억하고 흠모할 것이다. 소설의 공감과는 사뭇 다르다.

소설의 주인공을 스토킹하는 사람은 없지만 배우를 스토킹하는 사람은 있다. 영화를 보면서 스토리를 엮어나가는 주체는 각본가가 아니라 연기하는 배우다. 그의 몸이다. 몸은 감정의 근원이고 무의식의 근원이다. "백문이 불여일견"이라는 속담이 있듯이 백 번 듣는 것보다 한 번 보는 게 더 확신을 준다. 물론 보는 것이 듣는 것보다 더 정확하다는 뜻은 아니다. 그냥 더 즐겁다. 전두엽이 현실원칙이라면 몸은 쾌감원칙에 속한다. 이것이 소설을 읽을 때보다 영화를 볼 때 더 흥미롭고 재미있고 감각적으로 만족되는 이유다. 소설에서는 상상력이 중요하고 인지와 판단이 중요하다. 그러나 영화를 볼 때는 펼쳐지는 장면에서 배우의 행동과 대사를 따라가기에 상상력은 제한받고 대신 몸의 쾌락이 늘어난다. 그 쾌락에는 성적 만족도 포함된다. 아이콘에 열광하는 감정은 뇌의 상부인 전두엽보다 하부인 몸의 쾌락에 의존하기에 강렬하지만 시간이 흐르면서 약해지고 사라진다.

소설 속 인물은 상상력의 산물이기에 나는 인물로부터 자유롭다. 그러나 영화 속 배우는 나를 매혹하는 대상이기에 그로부터 자유로울 수 없다. 그의 카리스마에 종속된다. 하지만 그 매혹은 오래가지 않는다. 보는 것은 듣는 것보다 강렬하지만 환상이 큰 만큼 정확성이 떨어진다. 우리는 순수한 시선이 아니라 욕망의 시선, 몸의 시선, 본능의 시선으로 배우를 본다. 소설은 환한 도서관에서 읽지만 영화는 컴컴한 극장에서 본다. 몰래 보는 듯한 착각 속에서 배우의 몸을 본다. 관음증이다. 반대로 배우는 자신이 욕망의 대상이라는 것을 알기에 의도적으로 몸을 과시한다. 매릴린 먼로의 표정, 음성, 몸짓은 욕망을 불러일으키려는 과시증이다. 프로이트가 말하듯 관음증과 과시증은 성 본능이라는 동전의 양면이다.

소설을 읽을 때 나는 인물과 나를 동일시하면서도 전두엽과 접촉해 인물로부터 거리를 둔다. 상상력과 판단이 동시에 일어나기에 뇌의 하부와 상부가 소통한다. 소설 읽기는 하부보다 상부의 인지와 판단에 더 도움이 된다. 하부는 자동적인 몸의 반응이지만 상부는 연습과 훈련을 요구하기 때문이다. 문학이나 소설은 뇌의 하부인 몸의 동일시보다 뇌의 상부인 인지와 판단력을 훈련하기에 더 적절하다.

인간의 진화에서 맨 처음 시작된 예술은 동굴벽화였다. 주로 사냥하는 장면이나 도망치는 동물의 몸체를 생생하게 묘사하는데, 이것은 뇌리에 가장 강렬하게 남은 경험을 회상하는 진화의 첫 단계를 보여준다. 마을이 형성되면서 이야기가 나타난다. 입에서 입으로 전해지던 시기가 지나 도시국가가 형성되면 사람들은 한곳에 모여 극을 감상하고 국가는 이것을 장려한다. 그리스 시대 야외 원형 극장, 소포클레스의 비극, 아리스토텔레스의 『시학』은 국가가 감성을 통해 이성을 훈련시키고자 했다는 사실을 잘 보여준다. 근대에 이르면 인쇄 기술이 발달하고 소설이 대세를 이룬다. 여전히 이성의 훈련이다.

20세기 초 영상 기술의 발달로 영화가 나타난다. 무성영화나 속도가 느린 영화에서 관객은 상상력을 자유롭게 펼친다. 20세기 후반, 이성 중심주의에 의문을 표하며 감성을 복원하는 시대에 이르면 영상 문화가 주류를 점한다. 문제는 판단력보다 몸의 동일시가 앞서고 배우의 카리스마에 열광하며 폭력과 속도에 익숙해진다는 점이다. 만일 우리가 고전을 포기하고 계속 폭력적인 영화에 몰입한다면 공감이 요구하는 뇌의 균형은 깨질 것이다. 아니 이미 우리는 인터넷이나 스마트폰으로 영상 문화가 휩쓰는 시대 한가운데에 서 있고 많은 사람이 불면증과 우울증, 마음의 불안을 호소하고 있다. 느리고 잘 쓰인 내러티브, 관객의 상상력을 구속하지 않는 잘 짜인 구성이 그립다.

뇌의 상부와 하부의 소통인 공감은 신이 진화한 인간에게 내린 은총이다. 공감 없이는 언어로 타인과 소통할 수 없다. 그의 마음을 짐작하면서 내 생각을 말할 수 없기 때문이다. 프로이트의 주체 이론으로 무의식과 의식의 균형이 중요한 이유를 알아보자. 6개월에서

18개월 사이, 유아는 거울에 비친 자신의 모습에 환호하면서 거울상을 잡으려 몸을 굽힌다. 대상에 대한 의식이 생기기 전의 유아는 거울상을 이상적 자아로 오인한다. 이것이 프로이트의 원초적 나르시시즘이다. 물속의 자기 모습을 이상형으로 착각하고 잡으려다 물에 빠져 죽은 나르키소스 신화에서 모티프를 빌려온 것이다. 유아는 거울 단계를 지나 타인을 인식하는 이차적 나르시시즘으로 들어서고 이상적 자아를 타인에게 투사하는데, 이것이 자아 이상이고 숭고한 대상이다. 문제는 자신과 타인을 구별할 줄 알고 사회 속의 개인이 된 뒤에도 언제나 원초적 나르시시즘이라는 무의식이 의식 속에 자리 잡고 집주인 행세를 한다는 점이다. 몸의 본능인 동일시와 전두엽과 접촉하는 거리두기에서 동일시는 언제나 거리두기를 밀어낸다. 본능과 사회성이 균형을 취할 때 정상적인 공감이 일어나는데 하부가 더 강하니 상부를 위한 훈련이 필요하다. 예를 들어 영화가 지나치게 우리를 지배할 때는 소설 읽기가 전두엽을 강화하는 데 도움이 된다. 이유는 또 있다.

동일시는 뇌 하부 몸의 감각이고 사회성은 뇌 상부 전두엽과 의식의 합작이다. 이때 어느 쪽이 더 강할까. 본능이다. 본능은 진화 이전부터 집주인이었다. 그렇기에 위층과 아래층은 균형 잡는 것을 연습해야 한다. 거울 단계는 본능이지만 개인화와 사회화는 진화로 지어진 위층이다. 공감 훈련은 하부보다 상부에서 더 많이 필요하다. 하부는 본능과 감정의 영역이기에 연습이나 훈련보다도 자동적으로 일어나는 때가 많지만 상부는 배움과 학습, 경험으로 튼튼해지기 때문이다. 자동적으로 일어나는 동일시를 과학적 근거로 살펴보자.

우리는 다른 사람의 행동을 무의식중에 따라 하는 경향이 있다. 신 것을 먹는 장면을 보면 침이 고이고 얼굴이 찡그려진다. 누가 하품을 하면 나도 따라서 하품한다. 나는 다른 사람이 수술을 받거나 주사 맞는 장면을 못 본다. 마치 내 팔이 찔리는 것 같기 때문이다. 이런 동일시는 몸에서 일어나는 자동적인 반응으로 무의식에 속하며 원숭이와 같은 일부 동물에게도 나타난다. 물론 뇌의 상부, 전두엽이 관여하는 자의식이나 사회성은 오직 인간에게만 있다.

거울
뉴런

1996년 이탈리아의 자코모 리촐라티와 비토리오 갈레세는 원숭이나 사람에게 대상의 몸짓을 보고 흉내를 통해 마음을 알아내는 뉴런이 있다는 사실을 발견한다. 손이 움직이는 것을 보고 그 목적을 구분하는 뉴런 블록들이 있다는 것이다. 예를 들어 원숭이는 어떤 사람이 바나나를 쥐는 모습을 보고 자기를 주려는 것인지 그 사람이 먹으려는 것인지 예측할 줄 안다. 남의 행동을 보고 따라 하면서 의도를 파악하는 능력이다. 기능적 자기공명영상이나 양전자 방출 단층 촬영술 등 뇌를 들여다보는 기술 장비들이 나타난 1990년대에 이 현상은 '거울 뉴런'이라는 용어로 소개된다. 남을 지켜볼 때 그의 행동을 무의식적으로 흉내 내어 그 의도를 알아보는 뉴런의 영역을 그들은 거울 뉴런이라 이름 붙인 것이다.

상대방의 행동을 보면서 마치 내가 행동할 때처럼 뇌를 활성화해 의도를 파악한다는 발견은 왜 중요할까. 우리는 타인의 의도를 파악하는 일이 의식의 선택이라고 믿는다. 그러나 거울 뉴런은 이 일이 의식보다는 몸, 혹은 무의식의 수준에서 일어난다는 것을 증명한다. 새는 다른 새를 바라보기만 해도 생식샘이 작동하고 다른 새들의 행동에서 의도를 알아차리며 떼를 지어 이동한다. 사람도 남이 음식을 맛있게 먹으면 입안에 침이 고인다. 바라보기만 해도 고통, 식욕, 성욕 등 몸의 반응이 일어난다. 예를 들어 8개월 된 유아는 엄마의 행동이 끝나기도 전에 엄마의 의도를 이해한다. 이 사실은 의식 이전 무의식에서 몸이 반응한다는 것을 말해준다. 다시 말해 나의 의식은 논리적 실체가 아니라 사회, 물리적 환경 속에서 외부 자극에 반응하는 몸(감정)으로부터 그때그때 생겨난다는 것이다.

무의식적인 몸의 반응, 본능적 동일시, 혹은 흉내 내기는 공감의 첫 단계다. 무의식 없이는 공감이 일어나지 않는다. 유아는 어머니의 표정, 억양, 몸짓을 흉내 내면서 자신을 이해하고 타인을 배운다. 어른의 말이 아니라 행동을 흉내 내면서 배우기에 유아기 부모의 사랑과 행동은 성장해 남과 더불어 살아가는 밑바탕이 된다. 프란스 드 발이 말하듯, "흉내 내기보다 더 즐거운 일은 없다"(de Waal, 54). 경쾌한 음악을 들으면 몸과 마음이 즐거워지고 배우의 행동을 흉내 내면 기분이 좋아진다. 타인의 행동뿐 아니라 주위 환경도 우리 몸에 영향을 주고 기분을 좌우한다. 마음은 물질세계와 조우하고 공감하기 때문이다.

우리 팀이 다른 팀과 맞붙어 싸울 때 모두 한마음이 되어 응원하지만 경기가 끝나면 뿔뿔이 흩어지듯 집단심리와 개인심리는 삶 속에서 언제나 공존한다. 공감을 이야기할 때 빼놓을 수 없는 글이 프로이트의 『집단심리와 에고 분석』이다. 그는 감정 감염의 기원을 원시시대 동물의 무리에서 찾는다. 동물은 우두머리를 대장으로 삼아 우르르 몰려다닌다. 인간도 어떤 집단에서는 똑같이 행동한다. 집단의 우두머리를 중심으로 단원들이 충성을 맹세한다. 이때 조건은 오직 우두머리만 권력을 갖고 나머지는 모두 평등한 대우를 약속받는다는 것이다. 개인의 능력이나 특성이 지워지고 카리스마를 가진 대장의 명령에 따라 단원들은 일사불란하게 움직인다.

집단심리는 개인의 자율성이 상실된 폐쇄적인 권력 구조 속에서 일어나기에 대장이 죽거나 카리스마를 잃으면 뿔뿔이 흩어진다. 히틀러의 독재 시대에는 군대와 정당, 종교까지도 집단심리의 증상을 드러냈다. 감정 감염은 무의식으로 퇴행하는 것이다. 진화 이전의 동물성으로 억압되지만, 현실에서 언제든지 나타난다. 예술과 철학을 사랑했던 독일 국민이 히틀러의 연설에 현혹된 것은 우리가 얼마나 쉽게 무의식으로 퇴행할 수 있는지를 잘 보여준다. 언어는 가치 중립적이지 않고 무의식을 감추고 있기 때문이다.

모방, 혹은 흉내 내기가 일어나는 거울 뉴런과 언어를 담당하는 브로카 영역이 겹친다는 것은 언어가 몸을 포함한다는 의미다. 언어는 순수한 기표가 아니며 누가 어디에서 어떤 입장으로 말하는가에 따라 의미가 달라진다. 의식의 세상에서 중립적인 기표로 만들어졌더라도 무의식이 개입하는 상호주관적인 상황에서 말해지고 들리기 때문에 오해가 일어나며 의미는 끝없이 지연된다. 거울 뉴런은 진화가 일어난 곳이다. 몸 위에 언어가, 무의식 위에 의식이 진화했기에 위층은 여전히 아래층의 눈치를 본다. 공감 역시 마찬가지다. 무의식적인 동일시와 흉내 내기의 즐거움은 전두엽의 개인화와 사회성을 뚫고 틈틈이 자신을 드러낸다. 진정한 공감은 무의식과 의식이 균형을 이룰 때 일어나는 타인을 향한 이해다.

공감의 역사

공감의 조상인 '감정이입Einfühlung'이란 용어는 1873년 로베르트 피셔가 처음 사용했고 20여 년이 지난 1897년 독일의 테오도어 립스가 다시 언급했다. 감정이입이란 같은 느낌으로 빠지는 것이다. 그것은 "자연적인 본능에 뿌리내린 내적 모방이나 내적 울림의 과정"이다. 그 후 1909년 티치너는 영어로 Empathy란 용어를 『사유과정의 기초심리학Elementary Psychology of Thought Process』에서 소개했다.[1] 이 용어는 1900년대 이래 예술의 주요 기능으로 떠오르는데, 여기서 한 가지 재미있는 사실은 프로이트가 무의식의 발견자가 되기 전 립스의 책을 열심히 읽고 영향을 받았다는 것이다. 프로이트는 립스의 책에서 "모든 의식적 과정의 뿌리에는 무의식적 과정이 있다"라는 문장

---

1   *Empathy: Philosophical and Psychological Perspectives*. Eds. Amy Coplan & Peter Goldie. Oxford: Oxford UP, 2011, 2014. pp. XII.

에 진하게 밑줄을 그었다. 그리고 플리스에게 이런 편지를 보낸다.

나는 메타심리학의 뿌리와 문학 속에 포함된 것을 연결하는 다리를 세우는 작업에 착수합니다. 그래서 오늘날 철학자들 가운데 가장 분명한 마음을 가진 것 같은 립스의 연구에 나 자신을 몰입시킵니다(The Complete Letters 324).

모든 독창성은 하늘에서 떨어지는 게 아니라 앞선 사람의 연구에 뿌리를 내리는 것이다. 무의식의 발견자로 알려진 프로이트도 사실은 립스의 무의식적 감정이입을 가져와 '투사' '전이' '역전이'라는 정신분석의 필수 용어를 만들었던 것이다. 립스의 무의식은 프로이트가 최면술에서 대화 요법으로 방향을 전환한 계기였을 것이다. 바로 3년 전인 1895년 그는 뉴런에 관심을 두고 「과학적 심리학 초고」를 쓴다. 그리고 플리스에게 '의식'과 '기억의 흔적'이 상호 배타적이라고 밝히는 편지를 보냈다. 무의식이라는 일차적 과정과 서사적 기억이라는 이차적 과정은 그가 정신분석을 창안한 배경으로 보인다. 분석가는 환자의 감정을 모방함으로써 그를 이해하기에 분석은 환자의 상흔에서 분석가의 상흔으로, 그리고 과거의 상흔에서 현재의 것으로 이동한다는 것이다. 물론 이것은 긍정적 전이에만 해당된다.

분석은 내담자와 분석자 사이의 감정 투사, 다시 말해 전이Transference 없이 이뤄지지 않는다. 전이 혹은 투사Project란 내담자나 상담자가 과거의 경험을 현재 상대방의 입장에 무의식적으로 반영하는 것이다. 이때 상담자는 내담자의 입장과 무의식적으로 동일시하고 동시에 의식적으로 거리를 두면서 문제를 풀어나가야 한다. 이런 의미에서 로먼 크르즈나릭은 프로이트의 공헌을 대화의 공간이라고 본다. 성적 불안에서부터 고독과 고통의 느낌 등 정말로 중요한 문제들을 터놓고 말할 수 있는 사회적 공간을 확장해온 프로이트적 혁명은 하나의 선물이라는 것이다.[2]

프로이트의 공헌 중 또 한 가지는 유아기 어머니의 따뜻한 애정이 성인이 되었을 때 자신과 타인을 향해 보이는 관대함과 편안함, 사랑의 근원이 된다는 긍정적 전이다. 『성욕에 관한 세 편의 에세이』에서 그는 유아기 엄마의 사랑과 보살핌을 애정 성향이라 부르고 성인이 되어 이성에게 느끼는 성을 관능 성향이라 부른다. 전자는 포근한 돌봄이고 후자는 에로틱한 공격성이다. 이 두 성향이 조화를 이룰 때 결혼은 그럭저럭 불행하지 않게 지속된다는 것이다. 훗날 인간관계와 공감을 중시한 하인츠 코후트는 관능 성향의 공격성보다 애정 성향에 더 관심을 두고 '자기심리학Self Psychology'을 개발했다. 그는 「공감에 대하여」에서 어릴 적 접촉한 어머니의 몸은 어른이 되어 복잡한 공감으로 가는 바탕이 된다고 말한다. 마치 공원에서 어머니가 아이의 손을 놓아주고 아이는 타인의 세계로 나가더라도 언제든 다시 어머니의 손을 잡는다는 아름다운 비유와도 같다.

집단심리학에서 프로이트가 나치즘이나 폭력적인 부모처럼 악의적인 감정 감염을 우려했다면, 코후트는 애정 감염 쪽을 선호한다.

---

2   Roman Krznaric, *Empathy: Why it Matters, and How to Get it.* New York: A Perigee Book, 2014, 2015, 115쪽.

분석자는 아이를 사랑하는 어머니의 입장에서 내담자를 분석하고 내담자는 분석자를 어머니처럼 신뢰해야 한다. 공감의 첫 단계는 무의식이라는 몸의 반응인데 이때 긍정적 전이가 일어나야 치료가 효과적이다. 대화 속에 거부와 증오가 아니라 서로 간의 신뢰와 애정이 투사되어야 한다는 것이다. 그러나 성인에게 과연 관능을 배제한 순수한 애정이 가능할까?

우리는 동물에게 공감이라는 용어를 쓰지 않는다. 원숭이가 눈치로 바나나를 받아먹고 무리 속에서 우두머리를 알아보고 털을 고르며 갖은 애교를 떨어도 그것은 공감은 아니다. 원숭이에게는 서사적 기억도 자의식도 없기 때문이다. 인간의 공감은 하품을 따라 하는 것을 넘어 사회적 소통과 문화적 상상력으로 연결된다. 언어를 담당하는 브로카 영역이 행동을 흉내 내며 의도를 파악하는 거울 뉴런과 겹친다는 것은 무엇을 의미하는가. 몸짓은 그저 몸짓이 아니며 그것을 바탕으로 언어와 문화가 발달한다는 의미다. 몸은 언어가 탄생한 근원이다. 이때 몸과 언어를 이어주는 뉴런, 섬처럼 보이지만 사실 고립에서 벗어나게 해주는 다리로 섬엽Insular을 지목하는 학자가 많다. 공감은 이 다리를 매개로 감정을 담당하는 뇌 하부부터 고차원적인 정보 처리를 위해 신경망이 수렴되는 전두엽 등 전체를 아우른다. 지각, 운동, 감정이라는 몸의 에너지에서 편도체, 해마, 시상으로 구성된 변연계를 거쳐 바깥세상의 경험과 마주하는 느낌이 공감이다.

사회적 자아를 구성하는 공감과 언어는 대상을 떠나 존재하지 않는다. 우리가 외국어를 배울 때 그 나라에 가서 현지 사람들과 대화

하며 배우는 게 가장 효과적인 것처럼 말이다. 언어가 탄생한 몸에
는 타인을 모방하는 본능이 있다. 아기는 엄마의 몸짓, 표정, 입 모양
을 흉내 내면서 언어를 배우고 공감의 터전을 마련한다. 자폐증의 언
어 발달이 늦는 이유도 흉내 내기를 담당하는 우측 거울 뉴런의 장
애 때문이라고 알려져 있다. 어머니의 몸짓이나 표정을 보고 배운 아
이는 타인의 표정을 읽고 마음을 이해한다.

병은 거꾸로 놓아도 알아볼 수 있지만 사람의 얼굴은 거꾸로 보
면 알아보기 어렵다. 왜 그럴까. 언어와 공감은 표정을 읽어야만 가
능하기 때문이다. 캔델은 표정과 감정이 인간 소통의 열쇠라고 말한
다(2013, 330). 문화가 달라도 표정을 통해 소통이 되는 이유는 모든
인간에게 공통되는 중요한 유산이 DNA로 내장되기 때문이다. 나는
세상 속에 태어나기에 대상이 없는 생각은 존재하지 않는다. 대상을
의식하지 못하는 유아기에도 대상과 동일시하는 무의식은 있고, 이
것이 공감의 근원이다.

대상이 이토록 중요하다면 이제 하부를 떠나 상부로 이동해 공감
이 일어나는 현장을 살펴봐야 한다. 개인화와 사회화가 동시에 일어
나는 것은 이중 부담이 된다. 내 생각은 어떻게 타인에게 전해지고
그의 생각은 또 어떻게 내게 전달되는가. 대상에 대한 추구는 도파민
을 방출해 의욕을 북돋고, 대상 없는 사유는 체화되지 않으므로 저
장도 되지 않는다. 요즘 TV에서 세계여행 프로그램을 자주 본다. 낯
선 곳과 신기한 풍속들을 안방에 앉아서 볼 수 있으니 참 좋다. 이상
한 것은 바라볼 때는 즐거운데 전두엽에 저장은 잘 안 된다는 것이
다. 장면들이 기억에 잘 남지 않는 경향이 있다. 반면 직접 여행한 경

험은 기억에 저장되어 자주 떠오른다. 특히 고생스러웠던 일, 당황했던 일, 그리고 아름다운 경치나 집, 맛있는 음식 같은 것이 떠오른다. 두려움 속에 걷던 황량한 거리, 놓친 버스, 아픈 다리, 기차 창밖으로 보이던 낯선 경치 등 순간들이 깊이 저장되어 떠오르곤 한다. 몸의 경험이고 감정의 기억이었기 때문이다. 뇌 상부의 전두엽은 하부의 몸과 함께 위기에 대처할 때 바짝 긴장한다. 두려움, 기대, 오류, 환희 등 탐험은 도파민을 방출하고 깊이 저장된다. 감각과 감정, 몸에 새겨진 경험이 아니면 상부 피질에 깊이 저장되지 않는다는 것이다.

몸(물질)은 외부 세계와의 연결 고리다. 살아 있다는 느낌은 몸이 외부 세계와 관계를 맺을 때 일어난다. 그래서 제임스는 우울증이 삶에서 현실감이 사라지고 몸이 외부 세계에 속하지 않는 느낌이 들 때, 세상과 단절되고 고립될 때 일어난다고 봤다. 제임스의 심리학에 뿌리를 둔 현상학은 의식의 물질성을 강조하고 기억과 공감에 관심을 둔다.[3] 세상과 만물이 흐르듯 의식은 시간 속에서 흐르고 세상은 가능성이며 뇌에는 가소성이 있다. 그러므로 외부 감각과 관련된 몸의 여행은 깊이 저장된다. 몸은 물질의 일부이자 전두엽과 소통하는 정신의 일부이다. 이런 의미에서 오래된 정설이었던 몸과 마음의 이분법, 이성과 감정의 이분법은 실제로는 존재하지 않는다. 하부와 상부의 균형 및 소통을 간과하면 정신건강에 위기가 올 수도 있다.

---

3   Matthew Ratcliffe, "The Phenomenology and Neurobiology of Moods and Emotions," Gallagher, Shaun & Daniel Schmicking eds. *Handbook of Phenomenology and Cognitive Science*. New York: Springer, 2010, 123-140쪽, 132쪽 참조.

상부 피질의 중요성:
안다는 착각

하부의 감각과 몸의 중요성을 언급했으니 이제 상부 피질로 올라가 보자. 자폐증 환자는 우측 거울 뉴런에 장애가 있다고 알려져 있다. 보통 사람은 남의 행동을 보고 자신이 흉내 내면서 남의 마음을 느끼는 데 반해 자폐증은 자신이 느낄 때만 뉴런이 활성화되고 남의 느낌에 대해서는 반응이 없다고 한다. 자기 안에 갇혀 타인과의 소통이 어렵다는 것이다. 사회성과 공감 능력이 약한 이유다. 이러한 거울 뉴런은 뇌의 어떤 영역에 퍼져 있을까? 흔히 브로카 영역이 언어를 담당한다고 알려져 있다. 그런데 사실 우리가 말을 할 때는 전두엽의 아래이마이랑이, 들을 때는 베르니케 영역이라 불리는 측두엽의 위관자고랑이 주로 활성화된다. 서로 다른 영역이 활성화되는데도 언어가 가능한 것은 이 두 영역을 연결하는 신경다발이 있기 때문이다. 거울 뉴런은 이 두 영역과 두정엽 아래를, 다시 말해 뇌의 행정부인 변연계의 해마와 편도체를 포함한다.

해마는 편도체와 이어진 뉴런으로 뇌의 하부와 상부를 연결한다. 해마는 전두엽과 접촉해 정신적 시간 여행을 하고 과거와 미래를 현재 속에서 떠올리는 진화의 핵심이다. 그 옆에 붙은 편도체는 뇌의 하부에서 일어나는 감정을 저장한다. 외부 자극에 대한 몸의 반응인 공포, 불안, 편안함 등 쾌와 불쾌를 포함한 감정은 우리가 직접 느끼지 못한다. 진화를 거치며 통과 불가 뉴런이 되었기 때문이다. 느끼기 위해서는 우회해야 한다. 편도체가 저장한 감정을 해마에 전달하면 해마는 상부의 전두엽과 접촉한다. 그러면 전두엽은 그동안 저장해둔 경험의 눈으로 몸의 반응을 해석해 느낌을 판단한다. 타인의 마음을 이해하는 거울 뉴런은 이렇게 뇌의 전 영역에 퍼져 있다.

거울 뉴런이 전두엽의 전운동피질 아래쪽, 두정엽의 아래쪽, 측두엽의 앞쪽, 그 외 뇌의 전 영역에서 활성화된다는 것은 무엇을 의미하는가. 동물과 달리 의식이 진화한 인간에게 공감은 단순히 본능적 동일시(흉내 내기)에 머물지 않는다는 것이다. 사회적 동물이라는 이원적 일원론이다. 언어를 사용하고 타인을 배려, 이해하는 기능은 인간의 가장 고유하고 기본적인 윤리이고 책임이며 이때 반드시 뇌의 상부 피질이 개입된다는 것이다. 제임스가 말했듯 의식은 물질의 일부이고 사유는 환경과 유리될 수 없기에 공감 또한 타인은 물론 주변 환경이나 자연과도 분리되지 않는다. 지나친 소음이나 탁한 공기, 너무 밝은 밤의 조명 등이 불안과 불면, 심지어 우울증까지도 일으키는 것은 상부가 하부에 의존하기 때문이다.

그렇다면 감각은 뇌의 어떤 부분에서 주로 작동할까. 흔히 오감이라 불리는 미각, 촉각, 후각, 그리고 청각과 시각을 보통은 인간의 다섯 가지 기능이라고만 알고 있다. 그러나 뇌의 아래에서 위로 올라오면 그 위치는 각기 다르게 나타난다.

오감을 똑같이
대하면 안 된다

외국에 장기간 머물 때 가장 그리운 맛이라면 대부분 김치를 꼽을 것이다. 미국에서의 첫 학기, 대학원 기숙사에서 매일 빵과 양상추와 고기만 먹던 어느 날 기숙사 방에서 나오는데 코끝에 육개장 냄새가 맴돌았다. 분명 그 옛날 엄마가 끓여주셨던 매콤한 육개장 냄새였다. 반가운 마음에 기숙사 식당으로 달려갔지만 그런 음식은 없었다. 그 때 깨달았다. 너무 그리워하다보면 실제로 그 맛을 느끼는구나. 그저 일요일에 내 방의 작은 콘로 위에서 얇은 뚜껑을 들썩이며 끓는 라면을 바라볼 때가 가장 행복했다. 김치가 있었더라면 그야말로 천국이었을 텐데. 혀는 이렇듯 끈질기게 고향의 맛을 간직한다.

가끔 보글보글 끓는 된장찌개 맛이 생각났지만 아파트 복도에 냄새를 풍길까 싶어 선뜻 끓이지 못했다. 아니, 김치만큼 절실하지 않았다. 김치와 밥을 먹어야 기운이 나고 공부를 할 수 있었다. 맛은 감각들 가운데 가장 원초적이다. 동물의 미각은 변하지 않는다. 소는 평생 뻣뻣하게 마른 벼 줄기를 씹어먹고, 판다는 평생 대나무 줄기와 잎을 씹어 먹는다.

미각 다음으로 변화가 적은 감각은 촉각과 후각이다. 미각, 촉각, 후각은 뇌 하부 몸의 기억에 속한다. 무의식의 영역이다. 미각과 후각과 촉각은 몸의 기억이기에 끈질기고 정확하다. 어릴 적 느낀 엄마의 젖가슴이나 포옹, 기저귀를 갈아주던 부드럽고 따뜻한 손길은 한 사람의 생애를 좌우한다. 성인이 되어 우리는 늘 연인에게 그런 애정을 기대하지만 엄마의 손길을 되찾지는 못한다. 무의식으로 몸에 새겨진 그 기억은 되찾을 수는 없더라도 삶의 긍정적인 에너지가 된다. 만일 그런 기억이 몸에 남아 있지 않다면 그는 불안하고 쉽게 분노하고 절망하며 삶의 의미를 못 느낄 것이다. 자신을 미워하는 것은 남을 미워하는 것이다. 유아기 애정은 훗날의 인내와 희망, 정신적인 안정을 위해 꼭 필요한 요람으로 그리움의 원천이다.

애착 이론이나 코후트의 자기심리학이 주장하는 바도 이와 비슷하다. 분석자는 엄마에, 공감은 엄마가 아이 손을 잡고 있는 것에 비유된다. 아이는 엄마 손을 놓고 세상으로 나가지만 다시 엄마 품으로 돌아온다. 엄마의 손길은 나와 세상을 이어주는 힘이다. 이렇듯 맛과 냄새와 촉각은 몸에 새겨진 암묵적 기억으로 오차가 적고 오래 지속된다.

이에 비해 청각과 시각은 상부인 전두엽과 가까운 곳에 위치한다. 그렇기에 판크세프와 루시 비븐은 후각과 촉각, 미각이 시각과 청각보다 먼저 생겼다고 말한다.[4] 이제 뇌의 상부로 조금 올라가 청각과 시각을 살펴보자. 청각은 앞서 살펴본 것보다 진화한 감각으로 의식이 개입되기에 오차가 발생한다. 주관적이고 착각이 일어난다. 마음먹기에 따라 같은 소리도 달콤하게 들릴 때가 있고 소음으로 들릴 때가 있다. 라캉이 강조하듯 언어는 누가 어떤 상황에서 말하는가, 누가 어떤 입장에서 듣는가에 따라 의미가 달라진다. 말하고 듣

---

4   Panksepp, Jaak & Lucy Biven. *The Archaelogy of Mind: Neuroevolutionary Origins of Human Emotions*. New York: Norton, 2012, 398쪽.

는 과정에서 단어의 의미는 끝없이 지연된다. 우리의 경험이 풍부해지면 같은 소설도 예전과 달리 읽히는 것과 같다.

청각은 상부 피질의 영향을 받는다. 말은 주관적으로 들리고, 말의 의미는 끝없이 지연된다. 언어는 몸을 바탕으로 시작되었고 뇌의 전두엽과 연결되어 의미를 낳기에 진화의 산물이며 뇌 상부의 관여를 받는다. 그리고 무엇보다 타인과 소통하는 사회적 통로다. 이상한 것은 우리가 사회나 상징계로 들어서면 사유와 소통에서 착각이 일어난다는 것이다. 청각은 개인의 경험이나 물질성과 직결되기 때문이다. 낮고 은은한 음성이 사랑에 빠지는 이유가 되기도 한다. 음성이 지닌 성의 흔적이다. 그렇다면 시각은 어디에 위치할까?

몸에서 가장 멀고 전두엽에 가까운 감각이 시각이다. "백문이 불여일견"이라는 속담이 있다. 보는 것이 듣는 것보다 정확하다는 뜻 같지만 사실은 그렇지 않다. 부모님이 반대하는 상대에게 푹 빠지면 눈에 콩깍지가 씌었다고 하지 않나. 한때 그토록 사랑했던 사람을 먼 훗날 다시 보면 그때 내가 왜 그랬나 싶기도 하다. 시선에는 환상과 착각이 깃든다. 욕망이 개입하기에 응시Gaze라고 부른다. 응시는 아무것도 아닌 것을 모든 것처럼 보게 만들기도 하고, 아주 소중한 것을 못 알아보게도 한다. 보이는 것과 보이지 않는 것이 붙어 있기 때문이다.

보는 것은 상호 주관적이고 관계적이다. 주변 환경에 따라 다르게 보인다. 환한 대낮에 맞선을 보는 사람은 없다. 그는 은은한 실내 조명 아래서 더 멋있어 보인다. 시각은 진화한 의식의 복잡한 특성을 빠짐없이 갖추고 있다. 거울 단계의 착각에서부터 상징계의 (대)타자인 욕망의 대상까지 응시는 나란히 쫓아간다. 그러므로 가장 상위에 있는 게 시각이다. 당연히 착각도 가장 심하고, 정확한 척하는 것도 가장 심하다.

뇌를 스캔하는 기술 장비들이 나오기 훨씬 전, 로버트 카츠는 『공감: 그것의 본질과 이용들Empathy: Its Nature and Uses』에서 오감을 하나의 범주로 다루면 안 되는 이유를 밝혔다. 미각, 후각, 촉각은 동물이나 유아에게도 있다. 다만 자의식이 발달하기 전이므로 몸의 기억이된다. 앞의 세 감각은 무의식 단계에 존재하는 일차 감각이기에 가장 정확하다. 그다음 단계, 즉 문화적이고 사회적인 단계에서 나타나는 이차 감각이 듣는 것과 보는 것이다. 바라보고 보이는 것, 말하고 듣는 것은 언제나 몸에 잉여를 남긴다(61).

몸의 잉여는 우리가 진화를 거치며 뇌의 하부로 들어갈 수 없게 됐기에 발생한다. 우리는 상부 전두엽에 저장된 경험으로 몸의 반응을 파악하는데 이때 여분이 남는다. 오차가 일어나고, 몸의 잉여는 보이는 것 속에 보이지 않는 이미지로 자리 잡는다. 몸(감각)의 잉여는 말하기에서는 의식 속에 들어온 무의식으로 의미를 지연시키고 바라보기에서는 착시를 일으킨다. 그것은 성욕의 대상을 숭고한 이미지로 승화하거나 욕망의 미끼로 만들어 삶을 지속하게 하는 동인이 된다. 보는 것과 듣는 것은 이렇듯 상부 피질과 연결된 진화된 감각이다.

이처럼 인간의 오감은 뇌의 하부에서 상부로 향하며, 몸의 감각이 정확한 느낌인 데 반해 상부로 올라온 감각은 무의식을 품어 왜곡된다. 의식 속에 무의식이 자리 잡고 있기에 이것을 알면 오차를 줄일 수 있다. 그 말은 그런 뜻이 아닐 거야. 그 모습은 이미지야. 속지 마.
이런 식으로 말이다.

여섯 번째
감각

이제 여섯 번째 감각을 소개할 차례다. 공감이다. 진화의 산물로 자
의식적 인간만이 누릴 수 있는 감각과 의식의 결합이다. 신의 은총이
지만 언제나 실천하기 복잡하다. 오감이 주로 외부나 내부 자극으로
나타나는 개별 감각을 가리키는 데 비해 여섯 번째 감각은 오감을
포함해 인간이 사회적 동물로 살아가는 수단이다. 인간 안에 여전히
남아 있는 동물의 흔적을 잘 받아들여 균형을 취해야 실수하지 않
는다. 동물성은 재미있고, 인간성은 어깨가 무겁다. 우리는 극을 감
상하면서 주인공과 동일시할 때 쾌감과 재미를 느낀다. 아리스토텔
레스가 말한 모방본능이다. 그러나 원숭이도 느끼는 거울 뉴런의 자
동적 동일시를 넘어 인간은 '남과 다른 나'를 인지하며 사는 이층집
을 세웠다.
　로버트 카츠는 공감의 과정을 두 단계로 설명했다. 첫 단계가 감
정적 동일시로 너와 한 몸이 되는 것이고, 다음 단계는 사유하고 거
리를 두는 것이다. 앞 단계는 무의식에서 일어나는 자동적 흉내 내
기다. 프로이트가 집단심리에서 말한 진화 이전의 감정 감염이다. 그
다음이 의식의 진화로 무의식이 뇌의 상부와 소통하면서 일어나는

개인화와 차별화다. 소설을 읽을 때 나는 인물과 동일시하며 극을 따라간다. 그리고 나와 인물을 동일시하면서도 그와 거리를 두고 "흠, 멋지군" 혹은 "이러면 안 되는데" "거봐" 하며 완전히 동일시하지는 않는다. 감정적 동일시에는 인지적 비판이 포함된다. 마침내 극이 대단원의 막을 내리면 독자는 인물과 완전히 거리를 둔 채 극의 전체적 의미와 주제를 파악한다. 모방이라는 즐거운 간접경험을 통해 판단력과 사회적 윤리를 훈련한 것이다.

카츠는 프로이트의 무의식 개념을 끌어들여 공감을 설명한다. 아마도 프로이트의 공헌은 진화 이전의 동물성이 진화 이후에도 여전히 몸의 기억으로 남아 있다는 무의식의 원리를 발견한 것일 테다. 예를 들어 프로이트의 흉내 내기(혹은 닮음)는 사랑의 원천으로 이상형을 갖고 싶다는 소유욕이자 닮고 싶다는 소망이다. 이러한 소망은 원초적 동일시로 퇴행하는 것이며(72-73) 이것이 바로 사랑이 주는 쾌감이다. 아리스토텔레스가 『시학』에서 극의 즐거움과 재미는 모방본능이라고 말한 것과 같다. 쾌락원칙에 속하는 동일시는 거울 단계의 특징인데, 이때 이상적 자아라는 거울 이미지가 현실원칙에서도 특히 사랑의 감정에서 잘 나타난다. 연인과 하나라는 착각이야말로 사랑의 즐거움이다. 그러므로 퇴행은 즐거움의 원천이지만, 현실에서는 이뤄질 수 없는 집착이자 소유욕이 된다.

유아기 성을 향한 소망과 퇴행은 언제나 사랑의 이면이다. 그러니 너와 나는 엄연히 다른 개인이라는 현실과 타협하지 않으면 비극이 일어난다. 보통 사람은 이룰 수 없는 사랑의 고통을 현실과 잘 타협시키지만, 소유욕으로 퇴행하는 사람은 증오를 작동시키며 성폭력,

데이트 폭력, 사이코패스, 살인에까지 이른다. 유아기에 부모의 사랑과 교육을 받고 인문학으로 윤리를 단련하면 퇴행 없이 사랑의 고통을 그럭저럭 넘기면서 철들어갈 수 있다. 나이가 들면 좋은 것 중 하나는 붙잡을 수 없는 무지개를 포기할 수 있게 된다는 것이다. "저것은 이미지지 진짜가 아니야." 즐거움과 현실 사이에서 균형을 이루는 데는 다양한 경험이 중요하다. 우선 살고 볼 일이다.

사랑의 이면이 증오인 것은 소유할 수 없는 연인을 소유하려는 퇴행 때문이다. 퇴행은 사회적 자아를 거두어들이기에 퇴행한 사람은 자기 비난이나 공격성을 드러낸다. 자존감의 상실이다. 무의식적 동일시는 훗날 상호주관성과 공감을 만들어내는 첫 단추이지만, 동시에 군중적 감염, 파시즘적 권력, 쾌락의 향유로 변질되기도 한다. 이런 퇴행을 막으려면 반드시 의식이 개입되어 상징계로 진입해야만 한다. 자의식적 인간으로서 문화를 창조하고 책임감과 동정심, 배려 등 긍정적인 감정을 발전시키는 것이 충동Drive의 승화다. 그런데 자의식은 자신을 돌아보고 올바른 개인이 되게 하는 측면이 있는가 하면 반대로 남과 비교해 증오와 질투, 부러움, 경쟁, 도착증 등 부정적인 감정을 불러일으키는 온상이 되기도 한다. 자의식이란 바라보기만 하는 게 아니라 동시에 보인다는 것을 의식하는 것이기에 윤리가 요구된다. 자긍심과 타인이 아닌 자신에게 보이는 용기처럼 가치의 중심은 나이고 동시에 남과 더불어 사는 것이다. 공감은 바로 이 균형을 잡는 것이다. 몸과 가깝지도 않고 그렇다고 전두엽에 치우치지도 않는다. 뇌는 세 겹으로 된 마트료시카와 닮았다. 가장 안쪽 인형이 감정 감염 뉴런이라면 중간 인형이 타인에 대한 배려, 가장 바깥쪽 인형이 조망Perspective 취하기, 즉 전체를 보는 판단력이다. 앞의 두 인형이 서로의 존재를 인정해야 세 번째 인형이 살 수 있다. 유아기 애착이나 흉내 내기 등이 결핍되면 자폐증, 도착증, 공황장애, 중독증, 사이코패스 등으로 퇴행할 수 있다. 무의식을 포함하는 우뇌에 병변이 생긴 경우다. 반면 의식의 진화에 따른 사회적 자의식도 꼭 필요하다. 타인과 나의 차이를 인지하고 배려하는 의식이다. 이것이 부족하면 소유, 폭력, 우울증, 자폐증 등으로 퇴행할 수 있다. 어느 한쪽으로 치우치면 정신 질환으로 빠진다. 공감이란 무의식적 감정 감염과 타인을 인지하고 차이를 인정하는 자의식이 균형을 이루는 것이다.

카츠 이후 과학자들의 공감에 대한 견해를 알아보자. 존 데이는 진정한 공감은 감정적 동일시뿐 아니라 옳고 그름을 분별하는 인지적 판단을 필요로 한다고 말한다(1995, 759). 원숭이의 거울 뉴런은 흉내 내기라는 몸의 제스처에서 기능이 끝나지만, 의식이 진화한 인간은 이보다 한 단계 높이 나아간다. 뇌 상부의 관여로 나와 타인이 다르다는 것을 인지한다. 몸의 동일시와 전두엽의 인지적 판단이 조화와 균형을 이룬다. 몸의 단계가 없으면 냉혈한이나 사이코패스가 되고, 전두엽이 없으면 소유욕에 불타고 폭력적인 사람이 된다. 너와 내가 한몸이고 같은 생각을 한다고 착각하는 것이다.

로먼 크르즈나릭은 『공감: 그게 왜 중요하고 어떻게 얻을 것인가』라는 책에서 공감이 독선과 자기중심성에서 벗어나는 것이며, 자유이자 한계, 타협이며, 또한 충만히 사는 길이라고 밝힌다.

공감이란 너의 관심사가 모든 사람의 관심사가 아니고 네가 필
요로 하는 것이 모든 사람의 필요가 아니며 그래서 매 순간 어
떤 타협이 이뤄져야 한다는 사실을 항상 의식하는 것이다. (…)
이것이 가능한 한 충만히 삶을 향상시키는 길이다.[5]

다시 말해 내적 투사에서 사회적 자아로, 감정 감염에서 인지적
공감으로 나아가는 게 공감이라는 것이다. 자아중심성에서 벗어나
다른 사람들의 관점과 삶을 이해하고 그들의 입장이 되어보려는 노
력이다. 여기서 중요한 것은 '타협'이라는 단어다. 우리는 절대로 타인
이 될 수 없다. 나와 너 사이의 경계를 넘으면 독선, 소유, 폭력, 증오
의 영역으로 들어서게 된다. 공감은 내가 타인을 바라볼 뿐 아니라
타인에게 내가 보여지는 세상에 살고 있으니 가능한 한 응시를 낮추
는 것이다. 이런 측면에서 프로이트의 공헌은 내담자와 분석자 사이
의 자유연상 및 대화, 전이를 통해 정신 질환을 치유하려 했다는 점
일 것이다. 그가 말한 전이는 내적 자아와 외적 자아의 타협이란 면
에서 공감과 거의 같기 때문이다.

인간의 흉내 내기Mimicry는 주변의 색과 닮으면서 동시에 그것을
배반한다. 닮음과 다름의 공유다. 공감은 타인의 신발을 신어보는 것

---

5   "Empathy is a constant awareness of the fact that your concerns are not ev-
eryone's concerns and that your needs are not everyone's needs, and that some
compromise has to be achieved moment by moment." (…) an ever evolving way of
living as fully as possible.(xxi) Roman Krznaric, *Empathy: Why it Matters, and How
to Get it.*

이다. 내 신발이 아니라 그의 신발 말이다. 그의 감정과 관점을 이해해 어떤 행동을 취할지 결정한다. 이때 감정 감염과 거리두기는 거의 동시에 일어난다. 공감을 배우는 것은 언어를 배우는 것과 같다. 상대방의 감정과 관점을 이해하고 타협하고자 할 때 의사소통이 제대로 이뤄지기 때문이다. 단어와 문법을 달달 외운다고 언어를 배울 수 있는 게 아니다. 상대방의 표정, 몸, 어투 등 몸의 언어가 있어야 공감이 일어나고 언어가 새겨진다. AI는 번역을 잘한다. 그러나 당장 쉽게 도와주면서 그 나라 언어와 문화를 기억에 새길 기회를 영원히 빼앗는다. 경험을 전두엽에 새기고 오류를 줄여가며 성장할 기회를 앗아간다. 이런 의미에서 말을 배우기 시작하는 순간이야말로 유아가 사회로 진입하는 순간이자 성장의 신호라고 할 수 있다.

자기 자신과
편안해질 것

마음이 흔들릴 때, 삶이 무료해질 때 숲속을 찾는다. 조용하고 숲이 우거진 곳, 맑은 물이 흐르는 곳, 그 옆의 말 없는 바위. 그 틈에서 하늘거리는 작은 꽃잎을 바라보면 마음이 편안해지고 위안이 된다. 왜 사람들에게 보일 때는 불안한데 자연을 보고 자연에 보이면 편안해질까. 사람들 속에서도 그렇게 편안해질 수는 없을까. 아마 사람은 서로 응시하고 영향을 주고받고 법과 윤리를 지키면서 경쟁하는 대상이기 때문일 것이다. 무엇보다 서로 닮았기 때문이 아닐까. 그래서 조심스럽고 불안해지는 것이다. 사람의 응시는 높다. 그러나 자연의 응시는 아주 낮다. 그냥 공감이 일어난다. 나에게는 자연과 소통하는 몸이라는 영역이 있기 때문이다. 자연은 내가 태어난 곳이자 돌아갈 고향이다. 몸이 편안하면 마음도 편안해지고 기분도 맑아진다. 자연은 섬세하고 아름답고 말이 없다. 그렇다면 사람을 대할 때 편안해지는 길은 없을까.

공감도 연습이 필요하다. 우선 남과 대화를 나누는 기술이 중요하다. 듣기만 해도 안 되고, 말만 해서도 안 된다. 적절히 간격을 조정하면서 마치 숲이나 꽃을 대하듯이 그를 대하면 편안한 마음이 될 것이다. 대화하다보면 공감을 하는지 못 하는지를 가늠할 수 있다. 윌리엄 제임스의 동생 헨리 제임스는 대화를 통해 인물의 성격 주제를 암시하는 작품을 썼다. 예를 들어 『나사의 회전』에서 젊은 가정교사는 자신의 경험과 믿음을 바탕으로 열 살쯤 된 어린 소년 마일스를 응시한다. 삶의 경험이 빈약하기에 그녀의 응시는 아주 높다. 가난한 시골 목사의 막내딸로 태어나 처음으로 도시에 나갔고 가정교사 자리를 얻었다. 그녀는 자신이 성장한 환경과 너무나 다른 외딴 저택의 어린 제자들을 선악의 대립 구도에 놓고, 자신의 역할이 악을 응징하는 것이라고 착각한다.

자유롭고 부유한 대저택에 부모 없이 사는 두 어린 제자 중 마일스는 그녀가 도착한 뒤 뚜렷한 이유가 적히지 않은 편지로 학교에서 퇴학당한다. 퇴학의 이유를 알아내려는 가정교사의 빗나간 추측, 책임감, 추궁이 소설의 대부분을 차지한다. 그녀는 과거 경험의 눈으로 현재를 읽는다. 다른 사람들이 보지 못하는 죽은 가정교사와 정부의 유령을 보며 마일스가 그와 내통하고 있다고 믿는다. 마일스를 추궁하는 그녀의 긴 대사는 독선적이고 소유욕 있는 그녀의 오류를 드러내며 어린 제자를 숨 막히게 몰아간다.

크르즈나릭은 말한다. 남과 공감하려면 먼저 자신과 편안한 관계여야 한다고(130). 타인을 향한 공감은 자존심과도 연결된다. 가정교사는 무엇보다 자신과 편안한 관계가 아니었다. 자신을 사랑하고 자존감이 높아야 남을 사랑할 수 있으며, 자신을 미워하고 자존감이 낮으면 증오가 일어난다. 공감은 자존감을 높이는 길이다. 자존감은 과시증이나 자기중심적 태도와는 다르다. 자기 자신에게 보이는 용기다. 그 용기가 남을 위한 것이 된다. 개인화와 사회화가 동시에 일어나기에 자신이 먼저 올바르고 용감해야 그 행동이 남을 위한 것이 된다. 남에게 보이려는 용기는 이용당할 수 있기 때문이다.

자기 사랑이란 이기심이나 과시증이 아니라 자신을 너그럽고 편안하게 대하는 자세다. 아리스토텔레스에 따르면 타인을 향한 모든 친근한 느낌은 자신을 향한 느낌의 연장이다. 이런 긍정적인 자기 사랑은 유아기에 받은 사랑과 보살핌이 몸의 기억으로 남아 평생 기분을 좌우한다는 프로이트의 가설과 일치한다. 그 이후 인문학적 소양을 발달시켜 건전한 인간관계를 위한 바탕을 다지는 훈련도 중요하다. 이런 소양이 고급 공감으로 향하는 길이다.

고급 공감:
안다는 착각을 버리는 것

윌리엄 제임스에 따르면 우리는 결코 타인의 생각 속에 직접 들어갈 수 없다. 경험에 따라 인지와 판단이 달라지기 때문이다. "자신의 의식이 아닌 다른 개인의 의식에 있는 생각을 직접 눈으로 볼 수는 없다. 절대적인 고립, 되돌릴 수 없는 다원화가 법칙이다. (…) 너와 나의 생각들 사이의 단절은 자연의 가장 절대적인 단절이다"(PP, 226). 사랑을 구할 때 우리는 연인의 마음을 안다고 착각하기 쉽다. 한 몸이 되고 싶다는 무의식적인 소망이 남아 있기에 그런 착각은 우리를 즐겁게 한다. 그러나 현실에서 연인의 마음속을 들여다볼 수는 없다. 이것이 단절이고 외로움이며 때로는 고통이다. 그는 누구인가. 나를 어떻게 생각하고 있을까. 그도 나를 사랑할까. 이런 궁금증은 추구의 욕망이기에 도파민을 방출하지만 동시에 그 불가능성에 좌절해 우울해지게 만든다. 쾌와 불쾌 사이를 오가는 것이다. 외로움은 진화의 절대 조건이다. 리사 배럿이 말하듯 유아는 약 16개월 이후 자의식이 발달하면서 단절의 강을 건넌다. 그때그때 전두엽에 저장된 개념으로 감정을 구성하고 대상을 인지하며 현실에 대응하게 된다. 그리고 이 개념은 사회적 실체이기에 공감이다(배럿 2017). 사회적 경험의 산물인 개념은 공감의 토대가 된다. 그러므로 연인의 마음을 알려는 소망은 존재의 조건을 배반하는 불가능한 도전이다. 그의 마음을 안다고 착각하면 앞의 가정교사처럼 소유와 폭력의 오류를 범하게 된다. 사랑은 끊임없이 그가 누구인가 생각하는 것이다.

배럿은 다른 사람의 느낌을 안다는 환상을 버려야 한다고 말한다 (361). 그건 하루하루 살아가기 위해 의식이 꾸며낸 착각이다. 타인의 생각에 호기심을 갖되 예측의 오류를 인지해야 한다. 그것은 전두엽에 저장된 경험으로 예측한 이미지일 뿐 어딘가에 온전히 있다가 튀어나오는 것이 아니다. 다시 말하면 인지와 판단은 그때그때 예측에 따라 만들어낸 이미지일 뿐이다. 의식의 속임수 때문에 이미지를 실체로 착각하는 것이다.

공감이 감정적 동일시라는 무의식과 인지적 거리두기라는 의식이 동시에 작용하면서 일어난다는 사실은 무엇을 의미할까. 기억이나 감정과 같은 우리 뇌의 다른 기능들처럼 균형이 중요하다는 뜻이다. 어느 한쪽으로 치우치면 대인관계에 실패한다. 회상할 때 과거를 현재 입장에서 보듯이, 몸의 반응인 감정을 해마와 전두엽이 느낌으로 인지하듯이, 공감도 하부와 상부의 균형에 의해 이뤄진다. 뇌의 구조가 그렇다. 기억과 감정, 공감 모두 이층집에서 일어난다. 진화가 이뤄진 방향대로 아래층에서 위층을 향해 간다. 마크 솜스와 판크세프는 이층집을 "이원적 일원론"이라 표현하고 자크 라캉은 "하나가 아닌 이론Not-all Theory"이라 표현한다. 이 균형이 어렵다. 우리는 무의식을 의식하지 못하기에 아래층을 모른다. 과거를 온전히 과거라고 착각하고 인지를 온전히 현재의 것이라고 착각한다. 그것이 매 순간 현실에 대응하기 위한 의식의 속임수다.

이층집에 살면서 아래층(무의식)을 간과하면 공감 대신 소유와 증오라는 반감이 일어난다. 피터 골디는 「반공감」에서 공감이 이중 마음으로 이뤄져야 한다고 말한다.[6] 이중 마음이란 내 생각이나 판단을 대상과 완전히 일치시키지 않는 것이다. '공감'과 '동감'은 다르다. 우리가 쉽게 쓰는 '동감한다'라는 말은 일시적으로 어떤 관점에 의견을 같이한다는 뜻이다. 그 말은 의식의 작용이요 의식의 차원에서 나온 것이다. 공감은 이와 다르다. 공감에서 감정 감염이나 동일시는 몸의 차원에서 일어나는 무의식이다. 이때 의식의 차원인 개인화가 함께 일어나지 않으면 동일시는 소유와 성폭력이 된다. 사랑을 소유로 착각하는 것이다. 반대로 무의식적 동일시가 없이 의식적 개인화만 있으면 타인을 이해하지 못한다. 사이코패스다. 그는 자신이 세운 법의 수행자로서 자신만의 판단에 갇혀 타인과 전혀 소통하지 못한다. 무의식과 의식이 동시에 작용해야 올바르게 공감할 수 있다. 나와 '다른' 너를 너와 나의 감정으로 이해하는 것이다.

소설의 기법 가운데 '믿을 수 없는 서술자(혹은 믿을 수 없는 화자)'라는 기법이 공감을 연습하는 데 유용하다. 이 기법에서 저자는 저자 자신과 독자의 나이보다 훨씬 어린 화자를 주인공으로 내세운다. 그러고는 어린 화자의 서술을 독자가 재해석하게 만드는 것이다. 주요섭은 단편 「사랑손님과 어머니」에서 어린 소녀 옥희의 눈으로 어머니와 사랑손님의 관계를 그린다. 아이는 과부가 되어 수절해야 하는 엄마의 마음을 알 수 없고 그런 엄마를 사모하는 사랑손님의 마음을 알 수 없다. 아직 남녀 간의 이룰 수 없는 사랑을 경험한 적이 없기 때문이다. 그런데 어떻게 독자가 두 사람의 사랑과 이별을 이해

---

6   Peter Goldie, "Anti-Empathy." *Empathy: Philosophical and Psychological Perspectives.* Eds. Amy Coplan & Peter Goldie, 302-317에서 317쪽 참조.

하고 마음 아파할 수 있을까. 옥희가 어른들의 감정을 이해하지 못한 채 그저 본 대로 들은 대로 묘사하는 대화와 장면 속에서 어른들의 감정이 읽히기 때문이다. 여기에 한 가지 조건이 있다. 독자가 반드시 천진한 소녀의 나이로 내려가 그 순진한 시선 속에 숨은 어른의 마음을 읽어야 한다는 것이다. 당시의 문화와 심리를 이해하려면 독자가 어린 소녀의 신발을 신어봐야 한다. 이것이 고급 공감이다.

순진한 소녀의 서술을 따라가며 어머니와 사랑손님의 사랑을 이해하는 이런 기법에서는 독자가 소녀의 나이로 내려가 감정적 동일시를 해야만 한다. 동시에 소녀와 거리를 두고 어른인 자신의 시각에서 판단을 내려야 한다. 옥희의 감정에 감염되면서 동시에 어른인 자신의 판단으로 돌아오는 이중 마음이 필요한 것이다. 이때 어른의 시각에서만 느끼고 판단하면 두 인물 사이의 미묘한 감정을 놓치기 쉽다. 『나사의 회전』의 가정교사가 어른인 자신의 경험으로 어린 마일스를 판단하는 것처럼 말이다.

프란스 드 발이 『공감의 시대』에서 언급하듯 동일시뿐 아니라 이해와 판단이 뒤따르는 문학 속의 공감은 고급 공감이다. 누스바움 역시 고급 공감은 동일시와 차이의 인정이라고 말한다. 특히 비극은 공감을 발전시키는 데 도움을 준다(2001, 351). 타인의 고통을 느끼면서 자신을 용서하고 위로한다. 자신과 편안한 관계를 맺고 친구가 될 수 있어야 남과도 친구가 될 수 있다. 신화와 그리스 극은 대부분 비극이다. 위대한 왕이나 능력자가 자신만도 못한 나락에서 고통을 겪을 때 관객은 우선 부러움을 버린다. 그리고 그들이 범한 오류의 원인을 마음에 새긴다. 비슷한 일이 나에게도 일어날 수 있다는 동류

의식 때문이다. 누스바움의 말처럼 그리스인들은 비극을 통해 공통된 운명을 느끼고 공감력을 길렀다(428). 결국 가장 고급의 공감은 우선 자신과 친구가 되어 자신에게 용기를 보이는 것이다.

그렇다면 뇌는 문학과 어떤 관계를 맺고 있는가. 문학이 공감의 벗이라면 과연 문학 또한 이원적 일원론이라는 이층집으로 지어진 것인가? 다음 장에서 살펴본다.

5장

잘 짜인 문학은 균형을 돕는다

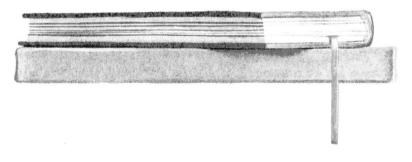

자연과 인간을 분리하지 않았던 중세 시대에는 자연과학과 철학, 종교가 분리되지 않았고 미학 역시 철학의 한 갈래로 대자연의 품 안에서 사유되었다. 이 시대의 신학자 토마스 아퀴나스는 철학자이 자 미학자였는데, 20세기 전반부 그는 아일랜드 작가 제임스 조이스 에 의해 우리를 다시 찾아온다. 조이스는 작품에 아퀴나스 미학을 수용해 이를 자신의 주요 기법으로 승화했다. 초기 작품부터 후기 작품까지 아퀴나스 미학은 그가 작품을 창조하는 원리였다. 인간 이 자연을 벗어나지 않고 조화롭게 살기를 바란 조이스는 『피네건 의 경야』에서 언어의 베일을 벗겨 물질성을 드러내려는 과감한 시도 를 했다.

아퀴나스는 미를 인간의 창조물로 제한하지 않고 자연에서 폭넓 게 형식의 미를 찾았다. 그는 미의 3요소를 통일성, 균형, 드러남(명징성, 혹은 에피파니Epiphany)이라 규정한다. 통일성(혹은 일관성)과 균형이라니 어딘가 낯익다. 최근 인지과학이나 뇌과학에서는 인간의 심리를 뇌의 기능과 연관시켜 탐색하는데, 야크 판크세프나 마크 솜스가 동의하듯 심리는 '이원적 일원론'이라는 이층집으로 구조화되어 있다.[1] 프로이트가 초기에 탐색했듯 통과할 수 없는 이드와 통과할 수 있는 슈퍼에고는 대립한다. 물론 에고와 슈퍼에고 모두 이드의 변형이지만, 이 뉴런들이 서로 존재를 인정하고 소통해야 정상적인 삶을 누릴 수 있다. 상부 피질과 하부 피질이 균형을 이루고 우반구와 좌반구가 균형을 이루면서 전두엽과 몸의 반응이 변연계를 매개로 소통한다. 이 원리로 우리는 기억하고, 느끼고, 공감한다.

대립하는 뉴런들이 소통과 조화를 이룬다니, 아퀴나스 미학의 두 요소인 균형과 일관성(혹은 통일성) 이야기가 아닌가. 세 번째 요소인 명징함(혹은 드러남)은 통일성 속에서 균형을 이룰 때 진리가 얼핏 보인다는 것으로 라캉이 세미나 11권(88쪽)에서 언급한 홀바인의 그림 「대사들」을 연상시킨다.

그림을 보면 두 대사 사이에 길게 비스듬히 누운 물체가 있다. 마치 바게트처럼 보이는 이 물체 가운데 무언가가 보이는데, 고개를 약간 뒤로 돌려가면서 보면 해골이 나타난다. 욕망을 채워주는 대타자, 남근처럼 보이는 것의 실체는 해골, 즉 죽음이라는 것이다. 남근은

---

1   Mark Solms. "What is Neuro Psychoanalysis?" *Neuropsychoanalysis* 13,2(2011): 133-145. "dual aspect monism"(136쪽); Jaak Panksepp. *About a Body: Working with the Embodied Body*. "Dual aspect monism strategy"(14쪽).

한스 홀바인, 「대사들」, 오크 패널에 유채, 207.0×209.5cm, 1533, 런던 내셔널 갤러리.

삶을 지속게 하는 욕망이고 그것의 실체는 죽음이다. 아퀴나스의 '에피파니'는 균형과 통일성 속에서 진리가 얼핏 드러내는 순간이다. 대자연의 순환 속에서는 앙상한 가지를 드러내는 만물의 죽음, 겨울에 해당하고, 욕망 이론에서는 숭고하게 보이는 대상이 얻으면 미끄러지는 무the Void에 해당한다. 이러한 에피파니는 라캉의 세 번째 고리인 실재계에 해당한다.

라캉은 프로이트를 재해석하면서 인간을 만물 속에 위치시켜 실재계를 강조한다. 인간을 대자연과 분리했던 데카르트 이후의 근대적 사유에서 고전적인 자연관으로 다시 돌아가고자 했던 것이다. 오직 인간만이 뇌의 균형을 깨뜨리고 자연의 섭리를 거스르면서 정신 질환에 시달린다. 근대적 사유에 속하는 상징계가 의식과 손을 잡고 우리를 지배하기 때문이다. 세상의 가치에 치우치든지 반대로 고립된 자아로 퇴행하든지 모두 균형을 잃는다는 점에서는 다를 바 없다.

라캉과 조이스는 아퀴나스 미학에서 서로 만나고 이들은 뉴런의 소통이라는 오늘날의 뇌과학에서 다시 만난다. 문학의 구성은 뇌의 인지 과정과 다르지 않다는 것인가?

어떻게 써야
작품이 성공할까

아주 어릴 적, 아마 서너 살쯤 어머니는 나와 남동생이 잠자리에 들면 옛날이야기를 들려주곤 하셨다. 우리는 「콩쥐팥쥐」 「구렁덩덩 선선비」 「나무꾼과 선녀」 등 들었던 이야기를 또 들으면서 스르르 잠이 들었다. 이야기가 달라져서 콩쥐가 벌을 받고 팥쥐가 왕자님과 결혼했다면 우리는 눈을 똥그랗게 뜨고 잠들지 못했을 것이다. 이유는 몰라도 착하고 고생을 잘 참는 콩쥐가 왕자님과 결혼하는 결말이 순리에 들어맞고 마음을 편안하게 했다.

옛날이야기를 들으면 잠이 온 것은 아마 엄마의 포근한 음성이 나의 불안을 잠재웠기 때문일 것이다. 엄마의 사랑과 보살핌을 받고 있다는 아늑한 감각 속에서 선하게 살면 복을 받는다는 달콤한 이야기가 기억에 새겨졌다. 그래서 결말이 달라지면 눈이 똥그래진 것이다. 엄마가 들려주는 동화는 사랑을 심어주고 건전한 자의식의 발달을 돕는다. 이야기를 들으면서 나는 콩쥐와 동일시하고 권선징악의 결말을 자연스럽게 받아들였다. 남의 이야기를 마치 내 이야기인 듯 대리 경험하기에 이래라저래라 하는 것보다 효과가 컸고 자연스레 미래를 위한 정보로 저장되었다.

같은 이야기를 듣고 또 들었듯이 같은 이유식을 먹고 또 먹었다. 성장하면서 나는 다른 이야기가 듣고 싶어졌고 다른 음식이 먹고 싶어졌다. 똑같은 것을 되풀이하는 일이 지루하게 느껴졌다. 어릴 적 들었던 이야기들은 뇌 하부에서 몸의 기억이 되어 습관으로 남았다. 다른 음식을 먹어도 언제나 김치가 기본이 되듯 동화가 기본이 되었고, 이제 사회가 요구하는 색다른 정보들이 상부 피질에 저장되어야 하는 단계에 이른 것이다. 안드레아 라바차가 「마음의 은유로서의 예술Art as a Metaphor of the Mind」에서 말하듯 감각이 배제된 정보는 의식에 큰 영향을 주지 않는다(2009, 165). 옛날이야기는 감각에 바탕을 둔 정보였고, 그 이후의 정보들도 감정이 개입되지 않으면 전두엽에 깊이 저장되지 않았다.

하부를 배제한 상부는 제 역할을 제대로 하지 못한다. 예를 들어 누구나 낯익은 곳에서 반복되는 일상을 싫어한다. 무기력하고 삶의 의미가 느껴지지 않고 모든 게 허무하다. 그냥 때가 되면 달력이나 넘기는 문지기가 된 듯하다. 익숙한 일상은 추구 욕망을 자극하지 않으니 도파민이 분비되지 않고, 경험이 되풀이되니 전두엽도 저장할 거리가 없다. 저장되는 기억이 없으니 추억할 거리가 없다. 그러니 살았다고 말하기 민망하다. 낯익은 일상에서 탈출하면 여기저기 전두엽이 저장할 거리가 많다. 추구 욕망이 불타오른다. 낯선 곳을 헤매고 실수하고 새로운 것을 발견하면서 겪은 여행의 경험은 오랫동안 내 기억의 저장고를 들락거린다. 감정과 몸이 모두 기억해야 전두엽에 오래 남는다. 외국어를 말할 때도 마찬가지다. 아무리 책상 앞에서 단어와 구문을 외워도 현장에서 외국인과 직접 부딪칠 때와는 다르다. 그의 표정과 몸짓을 살피며 잔뜩 긴장할 때, 감정과 전두엽이 최대로 작동하며 영어가 튀어나온다. 뇌의 하부와 상부 양 진영은 이렇게 서로 손잡고 공평하게 대우받기를 원한다.

뇌의 구조가 이렇다면, 어떻게 해야 독자를 사로잡는 성공적인 작품을 쓸 수 있을까? 안드레아 라바차는 예술작품의 지각적 인지 과정과 구성 부분이 잘 맞아떨어져야 성공한다고 말한다(172). 지각적 인지 과정이란 의식이 뇌 하부의 감정이나 감각을 상부의 전두엽에 전달하는 과정이다. 다시 말해 하부를 책임지는 편도체가 감정을 이웃인 해마에 전달한다. 이때 해마는 전두엽에 저장된 개념으로 감정을 평가해 느낌으로 인지한다. 그렇다면 작품의 구성도 이런 과정을 따라야 한다는 것이다. 프로이트에 따르면 의식은 원래 이드와 한 패다. 에고는 이드라는 야생마 위에 올라타 슈퍼에고의 눈치를 보며 가야 한다. 쉽지 않다. 이드의 요구를 전적으로 무시하면 말에서 떨어지고 만다. 그러니 슈퍼에고의 눈치를 봐가며 슬쩍슬쩍 이드를 충족시켜야 한다. 우리를 살게 하는 힘은 슈퍼에고가 아니라 야생마인 이드에서 나오기 때문이다. 이드는 뇌의 하부인 몸이다. 그렇다면 작품을 성공시키기 위해서는 감정에서 시작해 전두엽과 접속하는 구성을 따라야 한다. 예를 들어보자.

소포클레스의 『오이디푸스 왕』은 아리스토텔레스가 『시학』에서 성공적인 플롯의 예로 칭찬한 작품이다. 그의 스승 플라톤은, 공화국은 감정을 억압하고 이성의 힘으로 건설돼야 한다고 믿었다. 그러니 감정을 자극하는 시인은 공화국에서 추방해야 한다. 제자인 아리스토텔레스는 그게 아닌데…… 하고 돌아서서 몰래 말한다. 『시학』은 시인이 공화국에 필요한 이유를 보여주는 글이다. 민중의 감정은 억압하면 터지므로 천천히 우회해 풀어내는 게 국가의 안전에 유리하다. 따라서 시인이 필요하다. 잘 쓰인 극은 감정을 자극하며, 가장 효과적인 순간에 나쁜 감정들을 속 시원히 쏟아내는 플롯으로 짜여 있기 때문이다.

프로이트는 무의식을 유아기 성으로 설정하고 신화에서 모티프를 얻어 '오이디푸스 콤플렉스'라는 개념을 만들었다. 아버지를 죽이고 어머니와 결혼한다는 신탁의 저주를 피하지 못한 테베 왕의 비극을 무의식의 속성으로 본 것이다. 테베 왕은 신탁의 저주를 피하고자 갓 태어난 오이디푸스를 죽이려 한다. 그러나 아기는 하인의 배려로 숲속에 버려지고, 마침 대를 이을 왕자가 없던 이웃 나라 코린토스에서 아기를 데려다 기른다. 이런 내막을 모르는 왕자는 똑같은 신탁의 저주를 피하고자 테베로 향한다. 가는 길에 모르고 아버지를 죽이며 스핑크스의 수수께끼를 풀어 테베의 왕이 된다. 또한 모르고 왕비와 결혼하니, 그야말로 아버지를 죽이고 어머니와 결혼한다는 신탁을 그대로 실천한 셈이다. 이런 내용을 어떻게 극으로 승화할 것인가?

극은 테베의 재난으로 시작된다. 이를 해결하기 위해 왕은 신탁을 구하고, 아버지를 죽이고 어머니와 결혼한 범인을 찾으라는 답을 얻는다. 말하자면 범인을 찾는 수사극이다. 극의 재미와 긴장은 한 단계씩 범인을 찾아갈수록 다름 아닌 왕 자신에게 다가간다는 아이러니에 있다. 자신이 범인인 줄 모르고 범인을 찾는 과정인 것이다. 수사는 최근의 현장이나 관련자 수사로부터 한 단계씩 옛날로 거슬러오른다. 어느 시점부터 왕은 혹시 내가 범인이 아닐까 의심하기 시작하고 왕비와 코러스도 수사를 중단하라고 조언한다. 그러나 왕은 멈출 수가 없다. 멈추면 주인공이 아니다. 극의 절정은 갓 태어난 오이디푸스를 숲에 버린 하인과의 대질심문으로, 오이디푸스는 마침내 자신이 버려지던 원초적 장면에 다다른다.

우리는 신화의 내용을 알면서도 구성이 치밀해 극에 몰입한다. 그리고 이 놀라운 반전에 팽팽했던 긴장이 풀리면서 감정이 정화된다. 모방본능의 충족, 반전과 발견, 그리고 카타르시스로 구성된 완벽한 플롯이야말로 아리스토텔레스가 밝히는 극의 요소이며 극이 필요한 이유다. 아마도 이런 과정이 안드레아 라바차가 언급한 지각의 인지과정과 일치하는 구성이 아닐까.

긴장된 감정이 일순간에 정화되며 왕에 대한 부러움, 질투, 증오는 가여움과 연민으로 바뀐다. 니체조차 『비극의 탄생』에서 질서를 상징하는 아폴론의 베일이 한 꺼풀씩 벗겨지고 쾌락과 파괴를 상징하는 디오니소스가 모습을 드러낼 때 관객들이 즐거움을 맛본다고 말한다. 아폴론의 법이 현실원칙이라면 디오니소스는 그것을 해체하는 쾌락원칙이다. 그리고 질서의 해체란 프로이트가 말한 죽음충동이다. 프로이트는 『자서전』에서 이렇게 고백했다. 나는 쇼펜하우어를 늦게야 읽었으나 그의 사상에 정신분석과 닮은 점이 있음을 인정한

다. 니체, 그의 사상은 놀라울 정도로 정신분석과 닮아 있어 나는 그를 피했다.[2]

극의 즐거움은 자연에서 태어나 자연으로 돌아가는 아퀴나스 미학이 선사하는 즐거운 해방감이 아닐까. 개인으로서 사회에서 부대끼며 살아가는 우리는 이 모든 고통에서 해방되고 싶어한다. 뇌의 균형은 대자연의 균형인데, 우리는 현실원칙이나 쾌락원칙에 지나치게 몰입해 균형을 깨뜨린다. 현실원칙과 쾌락원칙은 이층집이면서 서로 소통하기에 이원적 일원론이고 이는 실천하기가 쉽지 않다. 통일성 속에서 균형을 이뤄야 하기 때문이다. 오이디푸스처럼 우리는 무조건 신탁을 피하려 한다. 피하려는 것이 오히려 실천인 것을 모른다. 의식의 진화는 억압된 무의식을 감추지만, 억압된 것은 반드시 돌아온다. 이처럼 균형을 취하는 건 생각보다 어려운 일이다. 잘 짜인 작품은 억압된 무의식을 드러내 이런 진실을 보여준다.

예술은 형식의 경험이다. 그렇기에 적절한 형식이 중요하다. 칸트는 세 권의 대표작 중 마지막 『판단력 비판』에서 미학을 논의했다. 중요한 것은 그가 미학의 두 요소를 잘 짜인 형식과 그보다 한 단계 높은 숭고함the Sublime으로 나누어 전자를 이해Understanding, 후자를 이성Reason으로 규정했다는 점이다. 그는 취향Taste을 셋으로 분류했다. 첫째, 인간을 포함한 모든 동물은 먹고 싶은 것을 먹을 자유가 있다the Agreeable. 독수리는 동물을 먹고 판다는 대나무를 먹고 사람

---

2 S. Freud. *Autobiography*. Trans. James Strachey. New York: Norton, 1935. 121쪽.

은 이것저것 다 먹는다. 입맛에 맞는 것을 먹는 기쁨은 주관적 이익에 봉사하며 이는 개념이 아닌 감각의 취향이다. 오늘날 뇌과학의 관점에서 이는 뇌의 하부인 몸의 요구에 해당된다.

이제 상부로 올라가보자. 개념과 관련된 보편적 취향으로 선the Good이 있다. 오직 인간만이 이러한 취향을 갖는다. 선은 객관적이고 보편적인 이익에 봉사하며 사회를 유지하는 데 유용하다. 뇌의 구조로 보면 상부 피질인 전두엽이 주로 맡는다. 이러한 선은 정확한가. 대중을 위한 선의 개념은 실천 과정에서 이기적인 개인에 의해 악용되기도 한다. 보편성은 오류라는 얼룩을 감추고 있기 마련이다.

뇌의 하부와 상부에 대해 밝혔으니 남은 것은 소뇌와 대뇌를 연결하는 중뇌다. 중뇌는 주관적 보편성인 미The Beautiful의 영역으로 예술의 감상과 관련된다. 미적 경험은 감각과 인지적 판단을 포함하고 이익에 봉사하지 않으며 재현된 형식을 경험하는 즐거움이다. 그러므로 형식의 완결성이 중요하다. 또한 경험으로 얻어지는 인지와 판단이기에 세 가지 중 가장 정확하다.

칸트는 뇌과학이 발달하기 이전에 살았으므로 당연히 뇌를 언급하지는 않았다. 그러나 지금 살펴보았듯 세 가지 취향에 대한 그의 해석은 최근 뇌과학에서 말하는 것과 기막히게 일치한다. 결국 양측 모두 인간의 자의식에 관해 이야기하고 있기 때문이다. 칸트의 견해 가운데 음미해볼 점은 그가 미를 개인을 넘어 대자연과 연결하고 있다는 것이다. 미는 동물과 인간을 연결하는 주관적 보편성으로 이것을 경험할 때는 감각과 인지적 판단이 동시에 일어난다. 뇌의 하부는 동물성과 물질성을 포함하고, 진화의 산물인 상부는 인지와 판단을 담당한다. 그러므로 미는 동물이면서 동시에 인간인 우리가 누리는 취향이다.

형식의 완결성에 주목한 칸트의 견해는 훗날 사회와의 변증법 속에서 형식을 살펴본 헤겔에 의해 수정된다. 그리고 후기 산업사회에 이르면 예술이 자본이나 이익과 뗄 수 없이 연결된다며 개인의 독창성에 의문을 던진 아도르노에 의해 수정된다. 그러나 칸트의 미학은 형식의 경험과 선험적 직관을 미의 두 요소로 봤다는 점에서 정신분석이나 뇌과학에서 다시 읽힌다. 칸트가 말한 형식의 완결성은 아리스토텔레스가 말한 플롯의 중요성을 떠올리게 한다. 그런데 칸트는 미적 취향에 「숭고함」이라는 장을 덧붙였다. 나무가 쓰러지고 지붕이 날아가며 폭풍우가 몰아치는 광경을 유리창 안에서 바라볼 때 나는 무엇을 느끼나? 홍수가 나서 집과 논밭이 물에 잠긴 모습을 유리창 너머로 바라볼 때 나는 무엇을 느끼나? 대자연의 위력과 인간의 왜소함? 재난을 피했다는 안도감? 칸트는 역시 칸트였다. 그는 영혼이 고양되는 숭고함을 느낀다고 말한다. 우리는 우리 자신을 재난으로부터 보호할 수 있는 이성의 힘, 자연을 초월하는 이성의 힘을 지니고 태어난다는 것이다.

칸트의 숭고함은 신비하고 모호한 개념이다. 그가 길게 설명하지 않기 때문이다. 끝없는 해석을 낳는 형식의 완결성보다 한 단계 높은 이성이라면서도 이유는 설명하지 않는다. 이런 이유로 숭고함은 낭만주의 시대에는 물질세계를 초월하는 타고난 직관, 혹은 이성의 내재적인 힘으로 이해되었다. 그러나 20세기 정신분석에 이르면 숭고함은 프로이트의 승화, 혹은 라캉의 욕망하는 숭고한 대상을 떠올리게 한다. 승화는 성 충동을 사회가 인정하는 대상이나 목적으로 승화해 우회하는 길이다. 프로이트에게 승화는 우리가 죽음충동을 삶 본능으로 안전하게 전환할 수 있는 유일한 출구다. 라캉도 결핍의 주체가 불안에서 벗어나는 길은 대상을 높이 올려놓고 그와 닮기 위해 자기 자신을 계발하고 발전시키는 긍정적인 힘에 있다고 말했다. 리비도의 본질은 공격성이다. 에로스는 너와 내가 하나 되는 충동이고 대상을 파괴해야만 가능하다. 사나운 폭풍우는 이미 우리 내부에 동물성으로 들어와 있다. 유리창 안에서 느끼는 고양된 감정은 공격적인 리비도를 사회로 끌어내 승화시키는 안전한 보호막이다.

라캉은 13세기 프랑스에서 유행했고 유럽 르네상스의 시작이 된 '궁정풍 사랑Courtly Love'을 예시로 승화의 길을 암시했다. 르네상스 초기에 기사들은 사랑하는 여인을 높이 올려놓고 이룰 수 없는 사랑에 모든 것을 바치는 구애의 시를 썼다. 당시에는 기사들이 여자들보다 훨씬 우위에 있었기에 이는 그들 사이에 성관계가 없다는 것을 암시한다고 라캉은 말한다. 프로이트가 성 충동을 사회적인 목적으로 전환하는 것을 승화라 불렀듯 궁정풍 사랑에는 성관계가 없다. 이 말은 무슨 뜻일까. 일단 성관계가 있고 나면 연인은 숭고한 대상이 될 수 없다는 뜻인가. 어쩌면 연인은 영원히 닿을 수 없는 연안 부두인지도 모른다.

칸트가 미학의 요소로 숭고함을 꼽았다는 사실은 예술에 인간의 증오와 파괴적인 속성을 정화하는 기능이 있음을 암시한다. 『오이디푸스 왕』에서 보듯이 극은 부러움과 질투, 증오라는 관객의 부정적인 감정을 연민과 이해, 포용이라는 숭고한 감정으로 바꾼다. 극은 감정을 경험함으로써 균형을 취하게 해준다. 아리스토텔레스는 이것을 감정 정화(카타르시스)라 불렀고, 뇌과학은 '항상성Homeostasis'이라 부른다.

항상성과
서사 예술

안토니오 다마지오는 생명 유지와 직결되는 뇌 영역을 상부인 전두엽이나 중앙행정부인 변연계보다 하부인 뇌간이나 소뇌로 본다. 상부에 손상을 입으면 부분적인 장애가 발생하지만 하부에 손상을 입으면 생명을 잃는다. 프로이트가 통과 불가 뉴런이라 부른 이 부분은 몸, 물질성 등 외부와 소통하고 자극에 반응하는 감정의 영역이다. 다마지오는 감정을 이렇게 정의한다.

> 감정은 언제나 항상성을 조정하는 것과 연관된다. 그것은 생명을 증진하는 과정에 관여하며 유기체가 죽음과 관련되거나 죽음이나 다름없는 통합의 상실에 이르지 않도록 균형을 취한다. 감정은 쾌와 불쾌의 상태와 뗄 수 없으며, 선과 악, 유리한 결과를 낳는가 아닌가, 그리고 벌을 받을 것인가 아닌가를 언제나 고려한다.[3]

감정은 생명과 직결되기에 진화 과정에서 얻어지는 감정들, 특수한 사회문화적 환경에서 배우는 감정들은 게놈에 의해 유전된다. 우리 뇌에는 표정, 반응, 제스처 등을 통해 인물의 심리와 감정을 이해하게 해주는 게놈이 형성되어 있다. 생존은 문화보다 강하다. 그래서 우리는 문화적 차이를 넘어 소설이나 영화 속 주인공과 우리를 동일시하는 것이다. 다마지오에 따르면 뇌에서 감정을 조절하는 부위는 뇌간, 해마, 시상, 대상 피질, 섬엽 등 뇌 전체에 넓게 걸쳐 있다(21). 이 가운데 인지와 판단을 내리는 부위는 주로 전두엽이다. 하부에서 일어나는 감정은 상부의 도움을 통해 느낌으로 인지되는데, 전두엽에 저장된 경험의 눈으로 보기 때문에 한계가 있다. 그래서 우리는 몸의 반응을 정확히 읽지 못하고 잉여를 남긴다.

우리 몸은 늘 긴장되거나 넘치는 감정을 배설함으로써 몸을 안정적으로 유지한다. 이것이 항상성이다. 아리스토텔레스가 말한 카타르시스는 생존과 직결된 항상성을 유지하기 위한 감정의 정화였다. 이런 의미에서 잘 짜인 플롯은 단순히 즐거움을 위한 것만이 아니라 생명을 유지하는 데에도 필수적이다. 캔델은 『통찰의 시대』에서 감정이 각종 호르몬 분비의 원인이라고 말한다. 잘 알려져 있듯 도파민은 학습된 기대와 보상으로 분비되고, 엔도르핀은 쾌락과 기쁨의 호르몬이다. 세로토닌은 도파민, 노르아드레날린의 양을 조절해 우울감과 불안을 낮추고 행복감을 증진한다. 긴장하거나 스트레스를 받거

---

3   Antonio R. Damasio. "A Second Chance for Emotion." *Cognitive Neuroscience of Emotion.* Eds. Richard D. Lane & Lynn Nadel. Oxford: Oxford University Press, 2000, 20쪽.

나 마음이 불안할 때는 노르아드레날린이 분비된다. 감정은 이렇듯 호르몬 분비와 밀접하게 연관되어 항상성 유지를 돕는다. 이때 어느 한 종류의 호르몬이 지나치게 많이 분비되면 항상성이 깨지고 질병이 나타난다(2012, 425).

서사 예술은 플롯을 경험시키며 항상성을 유지할 수 있게 도와준다. 갈등을 일으키는 구성은 긴장감을 높이고, 절정의 반전과 발견으로 긴장을 풀어내면서는 감정을 정화한다. 이런 의미에서 극의 카타르시스는 우리 몸의 호르몬과 같은 역할을 한다고 할 수 있다. 조지프 캐럴이 말하듯 서사 예술은 뇌의 디자인과 닮아 있다(2011).

소설이나 영화를 보며 나는 즐거움과 흥분을 느낀다. 무슨 이야기일까. 저러다 망하는 거 아니야? 주인공이 나와 비슷하다는 느낌이 들면 더더욱 깊이 빠져든다. 지식의 추구는 뇌의 가장 기본적인 기능이고 임무다. 적을 피하고 먹이를 구하고 쉴 곳을 찾는 일은 무언가를 추구하는 본능이다. 나는 모호함을 참지 못한다. 분명 무언가 있는데 정체를 모르면 불안하다. 우리는 익숙한 얼굴을 선호하고 익숙한 장소에서 덜 불안해한다. 도파민은 이러한 지식 추구를 위해 분비되는 호르몬으로 내가 정신을 차리고 문제에 집중할 수 있도록 흥분을 높인다. 지식 추구는 생존을 위협하는 장애물을 극복하기 위한 에너지이기에 자동으로 연속적이고 예측 가능한 모형을 만들어낸다. 모호함은 불안을 일으키고 이것을 풀어서 정체를 밝혀야 마음이 편해진다. 그러므로 지식 추구는 항상성을 유지하기 위한 생존의 조건이다.

소설이나 영화를 볼 때 우리가 즉흥적으로 하는 일은 무엇일까.

아름다운 여배우의 얼굴 감상하기? 섹시한 남자 주인공의 액션 지켜 보기? 아니다. 벌어지는 사건들을 시간순으로 배열하는 일이다. 먼저 일어난 사건이 뒤에 나오면 즉시 앞쪽에 집어넣고, 나중에 일어나는 사건이 먼저 나오면 즉시 뒤로 끌어낸다. 이런 일은 거의 자동으로, 순간적으로, 무의식적으로 일어나기에 의식하기 어렵다. 소설의 모호함은 뇌가 달려드는 먹이다. 플롯을 따라 소설을 읽는 행위는 모호함을 풀어내는 과정이다. 예술의 모호하고 흩어진 형식을 시간순으로 배열하는 이유는 내용을 알아내기 위해서다. 슈제트(형식)에서 파불라(내용)를 캐내는 과정이 서사 읽기다. 부즈사키와 팅글리가 「공간과 시간」에서 밝히듯 해마는 특정한 시간과 장소를 정확히 저장하거나 인출하지 않는다. 해마의 주된 임무는 사건들을 시간 순서대로 배열하는 것이기 때문이다(864).

의식에 가장 중요한 것은 현재라는 시간이다. 현실에 즉각 대응하기 위해 해마는 과거보다 현재를 중시하고 미래를 예측한다. 이것이 과거를 현재 입장에서 떠올리는 이유일 것이다. 해마는 언제 어디에서 무슨 일이 있었는지 분리해 저장하고 일인칭 주관적 입장에서 과거를 기억해낸다. 그렇기에 함께 있었던 지난 일들을 회상할 때 시간과 장소가 함께 따라오고 너의 기억과 나의 기억은 달라진다.

예술의 모호성을 풀기 위해 시간 순서로 배열하는 일은 본능적으로 일어난다. 모호성과 관련된 또 한 가지 사실은 우리가 주관적인 일인칭 시점에서 지식을 추구하기에 같은 작품이라도 개인마다, 시간에 따라 해석이 달라진다는 점이다. 주변 환경과 타고난 개성에 따라 각자 전두엽에 저장된 경험이 다르다. 개인마다 다른 경험의 눈으로 작품을 읽기에 해석이 다르고, 같은 개인이라도 성장하면서 해석이 달라진다. 기억의 흔적과 예술의 형식은 서로 접촉한다. 캔델이 주장하듯 작가는 자신의 기억 흔적으로 창조하고 독자는 자신의 기억 흔적으로 읽는다(2013, 339). 개인마다 전두엽에 저장된 경험이 다르고 기억의 흔적이 다르니 양편이 모두 모호성을 창조하는 셈이다.

기억의 흔적을 따라 읽기에 문자는 그대로 읽히지 못하고 잉여를 남긴다. 프로이트가 미학을 '괴기함Uncanny'으로 규정하듯 예술가는 독특한 방식으로 의식과 무의식을 넘나든다. 유아기에 낯익었던 무의식이 성장한 뒤 낯섦으로 의식 속에 나타나는 게 '언캐니'다. E. T. A. 호프만의 『모래 사나이』를 잠깐 보자.

주인공 나타나엘은 어릴 적 유모로부터 잠자리에 일찍 들지 않으면 모래 사나이가 와서 눈을 빼간다는 공포스러운 이야기를 듣는다. 그 후 아이는 늙은 코펠리우스 변호사가 아버지와 함께 실험하는 장면을 훔쳐본다. 코펠리우스의 모습은 모래 사나이를 연상시켰고, 나타나엘은 혐오와 공포로 기절한다. 아버지는 어느 날 실험 중 폭발 사고로 죽는다. 청년이 된 나타나엘은 스펠란자니 교수 곁의 올림피아를 사랑하게 되는데, 그녀는 교수가 안경 상인 코폴라와 함께 만든 자동인형이었다. 그녀를 두고 코폴라와 싸우던 중 교수는 올림피아의 부서진 눈을 집어 나타나엘에게 던진다. 나타나엘은 공포로 발작을 일으킨다. 결말부에서 약혼녀 클라라와 첨탑에 올라 무심코 아래를 내려다본 그는 공포에 질려 소리치며 난간 아래로 몸을 던진다. 저 아래 길 위에 그 옛날의 코펠리우스가 유유히 걸어가고 있었던 것이다.

프로이트는 이 이야기에서 무엇을 찾아낸 것일까. 프로이트에게 모래 사나이는 '거세공포'를 의미한다. 오이디푸스 왕이 진실을 알아차린 뒤 스스로 눈을 찌르고 추방되는 것은 무의식이 있다는 것을 깨달아 받은 벌이었다. 거세된 주체로 태어나는 것이다. 유아기의 거세공포는 억압되었다가 반복되어 나타날 때마다 사랑이 좌절된다. 코펠리우스, 코폴라, 그리고 다시 코펠리우스로 반복되는데, 그 원형은 억압된 모래 사나이다. 독자를 모호한 의혹 속에 붙잡아놓는 호프만의 기법에서 프로이트는 억압된 거세공포가 의식 속으로 되돌아오는 것을 발견하고 '언캐니 미학'이라 이름 붙인다.

이렇게 저자는 작품 속에 의식과 공존하는 무의식을 드러내고, 독자는 무의식의 효과를 경험하며 공포와 서스펜스를 느낀다. 이러한 학습은 항상성을 유지하는 생존의 조건이기에 도파민을 분비해 보상한다. 물론 모호함은 완벽한 의미를 내어주지 않는다. 제임스는 이 점에 대해 의식은 흐르며 프린지의 형태로 흐르기에 잉여를 피할 수 없다고 말한다.

예술 창작과 감상의 기쁨은 읽어도 끝없이 남는 잉여 때문이고 이런 모호성은 생존을 위한 항상성을 유지하는 데 도움이 된다. 그런데 이미 감정 조절 능력과 항상성이 깨졌을 때도 예술은 균형 회복에 도움이 될까?

내가 아는 것과
내가 누구인지 아는 것은 다르다

항상성이 깨졌을 때 여러 의식적인 노력으로 몸이 다시 균형을 찾는다는 것은 상부에서 하부 방향으로 뉴런의 재평가가 이루어질 수 있다는 뜻이다. 뇌의 가소성 때문이다. 전두엽에 반복적으로 축적되는 경험들은 몸의 기억으로 저장되어 몸을 변화시킨다. 우리는 내적, 외적 자극을 경험의 눈으로 인지하고 판단하기에 좋은 경험은 뇌의 균형을 회복하는 데 도움이 된다. 이것이 뉴런의 가소성이다. 균형이 깨졌을 때는 약물 치료가 꼭 필요하다. 그러나 이것만으로는 충분치 않다. 약물이나 기술은 인위적이며 자발적이지 못하다. 다시 건강한 몸으로 살겠다는 강한 의지와 자신감, 세상은 살 만한 가치가 있다는 긍정적인 마음이 약물과 함께 몸에 스며들어야 한다. 이때 정신 분석이나 상담, 그리고 뇌과학에 대한 지식은 내담자에게 신뢰를 줄 수 있다. 그렇다면 서사 예술은 어떻게 항상성 회복에 도움을 줄 수 있는가?

조지프 르두에 따르면 정신 질환은 감정 조절이 잘되지 않을 때 일어난다. 특히 부정적인 감정인 증오, 공포, 걱정, 두려움 등은 긍정적인 감정보다 더 자주 일어나는 경향이 있다. 프로이트는 아기가 엄마의 몸에서 분리되는 순간 불안이 싹튼다고 말한다. 다만 의식이 발달하지 않은 유아기에는 몸의 불안을 인지하지 못할 뿐이다. 불안은 동물의 원초적인 감정이다. 포식자를 피하고 먹이와 쉴 곳을 찾는 생존 기술과 직결되기 때문이다. 불안이 자주 반복되면 호르몬의 균형이 깨지고 몸에 부정적인 영향을 준다. 공포는 불안이 견딜 수 없을 정도로 커진 상태다. 호르몬은 감정이라는 뇌 하부 무의식의 영역에서 일어나기에 우리가 인지하지 못하는 사이에 불안이 지속되면 질병이 발생한다.

프로이트는 감정이라는 용어를 거의 사용하지 않는다. 감정은 이성의 반대말로 예술에서 더 흔하게 쓰여왔기에 새로움이 덜했다. 그는 감정보다 무의식이라는 용어를 선호했다. 무의식의 발견자로서 심리에 과학적으로 접근하려 했기 때문이다. 그가 그린 뇌 그림에서 보듯 감정은 이드의 영역으로 무의식에 해당된다.

르두가 말하듯(1996, 15) 감정을 분석하고 알아채는 건 우측 뇌다. 의식 이전에 동물이 갖던 감정을 포함하는 쪽이 우반구다. 2장에서 자세히 설명했듯이 좌반구는 진화 이후 상징계의 법과 논리를 따른다. 주로 합리성과 효용성, 기술 문화에 대한 기억을 저장하고 인출한다. 이원적 일원론에서 뉴런은 하부와 상부가 소통하고 우반구가 좌반구와 소통하면서 움직이는데, 의식은 세상의 논리를 따르는 경향이 있고 우리는 그런 의식을 따르기에 무의식이 틈틈이 자기를 드러낼 때조차 내가 누구인지 알 수 없다. 내가 아는 것이 전부라고 착각하는 것이다. 그것이 우리 마음을 어느 한쪽으로 치우치게 만든다.

우울증은 세상에 너무 치우쳐서 나타난다. 세상의 논리와 가치관에 지나치게 치중하다보니 스트레스를 많이 받는다. 호르몬의 균형을 잃는다. 여기에 타인으로부터 받은 상처가 더해져 증오가 커지고 세상으로부터 고립된다. 세상의 성공 기준과 가치를 너무 따르다보니 세상이 미워지고 결국 세상을 멀리하며 자아로 퇴행하는 아이러니한 결과가 나오는 것이다.

여자가 남자보다, 착하고 순수한 사람들이 그렇지 않은 사람보다 우울증에 더 많이 걸리는 이유는 그만큼 세상에 더 예민하게 타격받기 때문이다. 세상의 불의에 맞서 싸우기에는 세상이 너무 크고 자신은 너무 작다. 불면증이나 거식증, 무기력증 등이 지속적으로 나타나면 치료를 받아야 한다. 퇴행이 깊어지면 자살 충동이 나타나는데 남성이라면 이것이 타살 충동으로 이어질 확률이 여성보다 높다. 자신을 파괴하고 싶은 충동이 타인이나 세상을 파괴하고 싶은 충동으로 나아가는 것이다. 성폭력, 무차별 총격 사건, 집단 테러 등 폭력은 거울 단계로 퇴행한 사람의 자기 자신에 대한 증오심에서 나온다. 세상과 나의 균형이 깨진 것이다. 상부의 가치를 너무 추구하면 반대로 하부로 퇴행할 수 있다. 이렇듯 균형을 맞추는 일은 쉽지 않다.

세상을 미워하면 나를 미워하게 되기에 세상 속에서 타인과 어울려 사는 나는 양측을 모두 인정해야 한다. 보람을 느끼는 작은 일, 남을 돕는 일, 하고 싶었던 일을 하는 것은 자기 자신을 다시 세상 속에 밀어넣고 내가 주인이 되는 중요한 길이다. 이때 세상을 알려하기보다는 먼저 내가 누구인지 알아야 한다. 나의 가치를 찾은 뒤에 세상 속으로 들어가는 것이다. 나는 누구인가? 우울증에서 보듯 어느 한쪽으로 치우치면 오히려 반대쪽으로 치우치게 되는 묘한 결과가 나타난다. 무의식은 의식보다 더 오래됐으며 힘이 세다. 의식은 진보와 계몽을 위해 모든 일을 혼자 다 하는 것처럼 보인다. 이기적인 생존에 유리한 무의식을 따르면서 아닌 척 위장한다. 나는 이런 존재다. 그러므로 내가 아는 것과 내가 누구인지 아는 것은 다르다.

여기 한 편의 시가 있다.

지하철 정거장에서

군중 속에서 유령처럼 나타나는 얼굴들
까맣게 젖은 나뭇가지 위의 꽃잎들

단 두 줄의 문장이 시가 되는 것은 바로 제목 때문이다. 제목이 없다면 그냥 단어들의 나열로 아무런 의미를 만들 수 없다. 문장들은 혼돈으로 뇌의 하부, 무의식, 감정의 영역에 머물렀을 것이다. 추구 본능을 자극하는 문학의 모호성은 제목이 주어졌을 때 태어난다. 무슨 이야기지? 무엇을 말하려는 거지? 순식간에 중뇌를 거쳐 상부로 올라간다. 인지와 판단을 위한 과정이다. 위의 시는 미국 시인 에즈라 파운드가 파리 지하철 정거장을 소재로 쓴 것이다. 마치 한 장의 사진처럼 이미지로 전달되기에 '이미지즘' 시라고도 불린다. 어두컴컴한 지하철역으로 열차가 들어온다. 환한 불빛에 기차 창 너머 사람들의 얼굴이 한꺼번에 들어온다. 창밖을 보며 앉아 있는 사람, 서 있는 사람들이 하얀 벚꽃처럼 보인다. 기차의 검은 몸통은 하얀 꽃잎들이 피어난 축축한 나뭇가지다. 열차가 한순간에 들어서니 굵고 긴 가지 위에 핀 하얀 꽃잎들이 유령처럼 나타난다…… 이렇게 생각은 이어진다.

우리는 시인의 눈이 되어 지하철에 들어서는 열차를 본다. 그리고 생각한다. 무엇을 그린 것인가? 짧은 시는 우리의 상상력을 자극하고 답을 찾아낸다. 그 답에는 파리의 지하철에 대한 지식이 아니라 나의 상상력이 개입되어 있다. 시를 감상하며 내가 누구인지 깨닫는다. 나는 무의식과 의식이 공존하는 존재라는 것을, 의식의 선택을 무조건 믿어서는 안 된다는 것을.

다시 『오이디푸스 왕』으로 돌아가보자. 오이디푸스의 비극은 어디에서 비롯되는가. 스핑크스의 수수께끼를 풀고 테베의 왕이 된 그는 지혜로운 왕이었다. 그러나 그 지혜는 세상에 대한 정보이자 지식이었다. 신탁을 피하기 위해 그는 왕자로 있었던 코린토스를 떠나 테베로 향한다. 가는 도중 낯모르는 노인을 죽이게 되고, 지식을 자랑하며 왕이 되어 왕비와 결혼한다. 그는 자신이 누구인지 몰랐다. 신탁을 피하기 위해 버려진 테베의 왕자였다는 사실을 몰랐다. 그렇기에 운명을 피하고자 의식적으로 선택했던 길이 거꾸로 신탁을 실현시켜버린 것이다. 의식적인 줄 알았던 선택은 사실 무의식의 것이었다. 프로이트는 여기서 아버지를 죽이고 어머니와 결혼한다는 무의식, 혹은 유아기 성이라는 개념을 발견한다. 그리고 '오이디푸스 콤플렉스'란 용어를 탄생시킨다.

내가 아는 것은 내가 바라보는 세상에 대한 정보다. 이것이 지식이다. 의식의 차원에서 전두엽에 축적되는 정보다. 그러나 내가 누구인지 아는 것은 뇌 하부에 동물성을 간직한 몸이 있다는 사실을 아는 것이다. 이것이 지식과 예술의 차이이자 좌뇌와 우뇌의 차이다.

오이디푸스 왕은 야생마에 올라탄 채 자기가 자기 의지로 가고 있다고 착각했다. 누가 이 사실을 알려주는가. 『오이디푸스 왕』이라는 비극이다. 예술은 무의식이 주인임을 드러내는 고안품이다. 다마지오의 다음과 같은 말이 떠오른다. 의식 없이 목적 있는 행동을 하는 벌레인 연체동물이 여전히 우리와 함께 있다(2010, 33). 먼 옛날 그리스의 야외극장에서 사람들이 감상한 소포클레스의 극, 다시 오랜 세월이 지나 빈의 심리학자 프로이트가 언캐니로 설명한 미학, 그리고 최근의 뇌과학자들은 모두 같은 이야기를 다른 방식으로 되풀이하고 있다.

다마지오는 마음을 뇌간, 핵심 자아, 자서전적 자아로 구분했는데 이는 프로이트의 구분과 크게 다르지 않다. 우리 몸의 세포는 세포 분열을 한다. 그러나 가장 중요한 장기인 심장과 눈, 뇌의 세포는 세포 분열을 하지 않는다. 대신 뉴런은 몸속 모든 세포의 생존을 돕는다. 생존을 위한 안전 범위를 수치로 정해놓는다. 혈압은 얼마이고 당 수치는 얼마이고 골밀도는 얼마이고 체온은 몇 도이고 등등 생존을 위한 안전 범위가 항상성이다. 자연선택으로 단세포를 뇌세포로 진화시킨 인간은 여러 신경전달물질의 보상과 처벌로 몸이 그 범위를 지킬 수 있도록 돕는다. 세로토닌, 도파민, 노르아드레날린, 코르티솔 등의 호르몬은 우리와 함께 있는 '의식 없이 목적 있는 행동을 하는 연체동물'이다.

다마지오의 말처럼 우리에게는 부조화, 비능률, 산만함, 성급함 등부정적인 감정이 더 많다(2010, 57). 왜 행복감, 기쁨, 감사보다 그리움, 외로움, 슬픔, 혐오, 후회, 증오, 모욕, 집착, 죄의식, 불안에 더 친숙할까? 기쁨과 행복은 찰나에 불과하고 늘 남과 비교하며 불안해한다. 삶에 감사하는 마음보다 공포와 분노가 더 자주 일어난다. 내가 누구인지 알려고 하기보다 내가 바라보는 세상에 대해 알려고 하기 때문은 아닐까?

연체동물이 여전히 내 몸 안에 자리 잡고 있기 때문인지도 모른다. 뇌가 진화한 순서를 보면 파충류로부터 시작한다. 거기서 포유류를 거쳐 인간이 나타난다. 그러므로 그 옛날 파충류가 느끼던 불안을 우리도 나누어 갖고 있다. 불안은 생존의 대가로 내가 지불해야 하는 비용이다. 어머니의 몸에서 떨어져 나오는 순간 불안이 자리 잡지만 유아기에는 의식하지 못한다. 세 살쯤부터 유아기가 억압되고 나와 타인을 구별하는 사회 속으로 진입한다. 이때부터 불안은 증상으로 나타난다.[4] 프로이트가 말했듯 불안을 완벽히 해소하는 것은 오직 죽음이라는 대타자뿐이다. 라캉이 말한 결핍의 주체는 불안의 주체다. 불안은 숭고한 대상을 원한다. 그 대상이 나의 결핍을 완벽하게 채워줄 듯한 환상이 일기 때문이다. 그러나 죽음 외에 그런 대상은 없다.

나는 죽음을 지연시키기 위해 추구를 계속하는 욕망의 주체다. 세상의 인정을 받으려 발버둥 치고, 세상이 원하는 것을 좇아 권력과 명예와 더 많은 재산을 가지려 한다. 세상이 인정한 숭고한 목표는 베일을 쓴 죽음(공허)이다. 내가 누구인지 아는 것은 불안이라는 공허가 우리 마음속에 있음을 아는 것이다. 그래서 우리는 세상에 대해 알려고 한다. 지식으로 불안을 추방하려 한다. 그러나 죽음이라

---

4   S. Freud. "Inhibitions, Symptoms, and Anxiety." *Standard Edition*, 20(1926): 111-143쪽 참조.

는 부정성을 모르면 우리는 계속 초조하게 대상을 향해 질주하다가 삶의 의미를 잃을 것이다. 천천히 가라. 목표물은 삶을 지속하게 하는 미끼에 불과하니 가는 과정이 전부다. 절뚝거리면서 가는 것도 나쁘지 않다. 지름길은 죽음이니 돌아서 가라. 가는 과정을 즐겨라. 이 것을 보여주는 것이 문학이고 서사 예술이며 정신분석의 윤리다.

예술은 지식과 다르다. 세상을 따르는 지식은 주로 전두엽과 해마에 집중되고 감각이나 뇌 하부의 역할은 적다. 그렇기에 몸에 새겨지지 않는다. 같은 논리로 지식과 효용성을 따르는 기술과학은 좌반구에 집중되며 우반구의 역할이 없다. 세상은 우뇌보다 좌뇌를 원하고, 하부의 감정보다 상부의 지식을 원한다. 균형이 깨지기 쉬운 환경이다. 그러나 보이지 않는다고 존재하지 않는 것은 아니다. 『오이디푸스 왕』에서 보듯이 내가 누구인가를 알게 해주는 예술은 문명의 발달에 필수적인 은총이다.

윌리엄 에긴턴을 비롯한 학자들의 견해를 종합해보면 비극을 경험하는 순서는 다음과 같다(2012, 24-43). 우선 해마가 사건을 시간 순으로 배열한다. 그다음 주인공과의 동일시, 즉 감정 감염이 일어난다. 이 두 단계는 무의식의 차원에서 동시에, 거의 본능적으로 일어난다. 이때 독자(혹은 관객)는 주인공과 동일시하면서도 거리를 둔다. 자신이 직접 경험할 때와 간접 경험할 때는 뉴런이 조금 다르게 활성화된다. 감정 감염은 인지적 판단과 동시에 일어난다. 갈등과 긴장이 정점에 이른 순간 반전이 일어나고 놀라움과 발견이 뒤따른다. 그리고 긴장된 감정이 한순간에 배설되면서 감정의 정화가 일어난다. 서사 예술을 감상할 때 감정 감염을 맡는 뇌의 하부와 거리두기, 판단을 맡는 뇌의 상부는 서로 소통한다. 공감의 행로와 마찬가지다. 균형을 회복하기 위해 의식적으로 잘 짜인 예술작품을 선택하고 감상하고 토론하면서 무의식을 경험하는 열차는 늘 하행이다.

내가 아는 것은 주로 좌뇌가 담당하고 내가 누구인지 아는 것은 우뇌가 주인이 되어 좌뇌와 접촉해 얻는 결과물이다. 그렇다면 시인과 분석가는 무의식을 탐험한다는 면에서 같지 않은가?

시인은
분석가?

고고학자 하놀드는 박물관에 전시된 한 여인상에 이상하게 이끌린다. 한 발을 앞으로 내딛고 뒷발은 수직으로 세워 걷는 자세를 한 여인상. 이유는 알 수 없지만 그는 그녀에게 이끌리고, 그녀를 사서 집으로 가져온다. 그리고 마치 폼페이의 잿더미에 묻힌 과거를 캐내듯 그녀의 옛 모습에 매달린다. 그때 이웃에 사는 한 여자가 그를 돕고, 마침내 그녀가 그의 옛 친구였음을 알게 된다. 그라디바는 어릴 적 가까운 이웃이었던 여자 친구 조에가 그의 의식 아래에 억압된 모습이었다. 프로이트는 옌센의 『그라디바』를 그렇게 분석했다. 그렇다면 문학작품은 분석가가 환자의 무의식을 복원하는 과정을 담은 게 아닌가. 여주인공 조에가 하놀드의 억압된 과거를 풀어주는 분석가 역할을 한다. 이런 맥락에서 피터 루드니츠키는 정신분석과 문학이 "낯설지만 친숙한 쌍둥이"라고 말했다.[5] 프로이트 역시 정신분석의 기원을 신화와 예술, 문학작품에서 찾는다.

예술의 모호한 형식은 독자를 유혹한다. 도파민은 모호성을 풀어내라고 해마에게 베푸는 활력이기에 지식을 추구하는 일은 즐겁다. 조에에게 하놀드는 증상이었다. 예술은 증상이고 삶도 증상이다. 증상이란 억압된 무언가가 있다고 암시하는 지표다. 프로이트는 『문명속의 불만』에서 예술의 감상은 이익과 관련 없지만 문명은 예술 없이 지속되지 못한다고 말했다. 그리고 에른스트 크리스와 루이스 오펜하임은 예술 감상이 한쪽에 고여 있는 정신 에너지를 흔들어 균형을 맞추고 카텍시스Cathexis 변화에 따른 기쁨을 선사한다고 말한다. 이런 기쁨을 로봇에게 심어줄 수는 없을 것이다. 로봇은 공감하지 못한다. 감정은 살아 있는 생명체가 항상성을 유지하기 위한 몸의 반응이고 감정을 다루는 예술은 항상성을 회복하는 데 도움을 준다. 그런데 기계가 어떻게 감정이나 항상성을 갖고 예술을 창작하거나 감상할 수 있겠는가? 살아 있는 생명체가 아닌데. 아마 창작을 한다 해도 인위적이고 부정확하며 진부한 결과물이 나올 것이다.

살아 있는 뉴런들은 예술작품처럼 서로 소통한다. 뉴런이 흐른다는 것은 생각이 흐른다는 것이고 작품의 해석 역시 내 경험에 따라 끝없이 계속된다. 작품은 증상이고 독자도 증상이다. 내담자 역시 증상이다. 분석자는 자신의 경험으로 증상을 읽어낸다. 그리고 시간의 흐름에 따라 다시 읽는다. 무의식을 되살려 내담자가 뇌의 균형을 회

---

5   Peter Rudnytsky. *Readings Psychoanalysis: Freud, Rank, Ferenczi, Groddeck.*
Ithaca: Cornell University Press, 2002.

복할 수 있도록 돕는다. 내담자의 감흥과 분석자의 감흥이 만나 대화하는 것은 곧 내담자가 세상과 대화하는 것이다.

시인은 무의식을 경험하게 하는 분석가다. 그래서 예술작품은 기억과 더불어 의식의 위대한 선물이다. 잘 만든 예술작품과 인문학은 기술 문명의 올바른 발전을 위해 꼭 필요한 짝일 것이다.

타인은 누구인가. 나는 매일 알 수 없는 사람들과 대화하고 일한다. 어떻게 이것이 가능한가. 타인의 삶에 대한 호기심, 공감과 이해의 과정은 어릴 적 소꿉놀이에서부터 시작된다. 소꿉놀이는 예술의 감상으로 이어진다. 타인의 삶을 대신 경험하면서 그들의 마음과 행동을 이해한다. 무의식을 통해 세상과 나의 관계를 배우는 것이다. 이런 의미에서 엘런 디사나야케가 『예술은 무엇을 위해 존재하는가』라는 물음에 '공감을 통한 균형 회복'이라고 답한 것은 당연한 말로 들린다. 시인의 작품은 뇌의 균형이 깨진 사람들과 대화하는 푸근한 카우치다.

그렇다면 시인은 어떻게 독자가 무의식을 경험하도록 돕는가. 다음 장에서 윤동주의 시 한 편을 감상해보자.

6장

무의식은 새로운 해석을 낳는다:
윤동주의 「길」

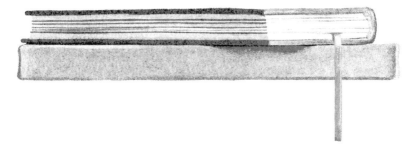

잃어버렸습니다
무얼 어디다 잃었는지 몰라
두 손이 주머니를 더듬어
길에 나아갑니다

돌과 돌과 돌이 끝없이 연달아
길은 돌담을 끼고 갑니다

담은 쇠문을 굳게 닫아
길 위에 긴 그림자를 드리우고

길은 아침에서 저녁으로

저녁에서 아침으로 통했습니다

돌담을 더듬어 눈물짓다
쳐다보면 하늘은 부끄럽게 푸릅니다

풀 한 포기 없는 이 길을 걷는 것은
담 저쪽에 내가 남아 있는 까닭이고

내가 사는 것은, 다만,
잃은 것을 찾는 까닭입니다

윤동주의 「길」은 일제강점기 젊은 시인의 좌절과 고뇌를 노래한
시로 알려져 있다. 일제의 조선어 말살 정책으로 언어를 잃은 절망과
그러면서도 두고 온 언어를 되찾기 위해 시 쓰기를 포기하지 않겠다
는 의지가 엿보이는 작품이다. 그러나 잘 쓰인 문학이 그렇듯 여러
해석이 가능하다. 누가, 언제, 어디에서, 어떤 시각으로 읽었는가에
따라 같은 작품이 다르게 이해되는 것은 언어가 무의식을 품고 있기
때문이다. 의식은 늘 혼자인 척한다. 무의식이 곁에 있어도 모른 척한
다. 의식의 임무는 한번 흘러가면 다시 오지 않는 시간 속에서 최선
을 다해 현실에 대응하고 즉각 판단을 내리는 것이기 때문이다. 이런
가운데 문학작품은 언제나 그대로 있고 읽을 때마다 다른 해석을 내
어주기에 가장 자유롭고 너그러운 언어다. 문학은 의식이 억압한 무
의식이 있음을 드러내기에 가장 균형 잡힌 언어다.

이제 기존의 읽기를 포함해 몇 가지 다른 해석을 시도해본다. 첫째는 주체 의식과 언어를 빼앗긴 시인이 풀 한 포기 없는 절망의 길을 걷고 또 걷는 이유에 대한 해석이다. 이때 시는 절망 속에서도 포기하지 않는 시인의 다짐을 그린 것으로 읽힌다. 다음으로는 프로이트의 「과학적 심리학 초고」가 시대에 따라 다르게 귀환하는 방식을 살펴본다. 뉴런의 구조와 기억의 방식에 대해 쓴 이 글은 1950년대 라캉의 욕망 이론으로 귀환한다. 라캉은 소쉬르의 구조주의 언어학으로 프로이트의 무의식을 새롭게 해석했다. 그가 프로이트의 현실 원칙을 상징계라 부른 것은 법과 문화를 대표하는 현실이 언어의 상징질서라고 봤기 때문이다.

진화론의 입장에서 심리를 분석한 프로이트는 마음을 서사적 기억의 탄생과 정신적 시간 여행으로 해석했다. 진화를 거치며 의식은 뇌 하부 무의식의 영역으로 직접 들어가지 못하게 됐다. 우리는 오직 상부의 전의식(혹은 전두엽)에 저장된 경험의 눈만으로 무의식을 해석하고 현실을 판단한다. 이때 정신적 시간 여행을 가능케 하는 서사적 기억은 우측 전두엽과 좌측 전두엽이 접촉해야만 일어난다. 돌담 저편에 두고 온 자아에 닿을 수 없어 가고 또 가는 시인의 길은 상부 피질의 도움을 받아 진화로 막혀버린 유아기 기억을 우회해야 하기에 반복을 피할 수 없다. 해석의 잉여 때문에 일어나는 반복, 가고 또 가는 길 또한 우반구와 좌반구가 균형을 이뤄야 가능하다.

윤동주의 「길」을 새롭게 읽을 수 있는 것은 의식 저편에 두고 온 유아기 자아, 혹은 억압된 무의식 때문이다. 최근의 지나친 기술 발달은 우반구를 약화시켜 뇌의 균형을 깨뜨리고 우울증을 비롯한 여러 정신 질환의 원인이 된다. 좌반구가 논리와 효용성에 치우쳤다면, 우반구는 무의식을 포함하는 인문학적 뇌다.

이렇게 「길」은 다양하게 읽을 수 있다. 다시 첫 번째 읽기로 돌아가보자.

모국어를
잃은 시인

윤동주는 1917년 12월 30일 중국 지린성 명동촌明東村에서 태어났다. 당시 만주 북간도로 이주한 조선의 지식인들이 민족의 미래를 도모하자는 의미로 세운 이 마을은 신식 학교와 기독교 중심의 공동체로 사상적으로 깨어 있었다. 이런 환경은 훗날 윤동주의 삶과 작품 세계에 큰 영향을 준다. 섬세하며 친구들을 잘 챙기는 이타적인 성격의 윤동주는 17세가 되던 1934년 겨울, 인생의 첫 전환점을 맞는다. 사촌이자 평생의 절친이었던 송몽규가 중학생 신분으로『동아일보』신춘문예에 당선된 것이다. 문인의 영향력이 컸던 당시, 친구의 등단에 자극을 받은 윤동주는 시인이 되고자 여러 편의 시를 쓴다. 그는 실용적인 직업을 갖길 원했던 부친의 강력한 반대를 물리치고 연희전문학교 문과에 합격해 경성으로 온다. 시골에서 자란 그에게 경성은 넓은 안목과 학문을 접할 수 있는 새로운 세계였다. 대학 입학 후 처음으로 쓴 시가 「새로운 길」이다.

그가 3학년이 되던 해, 윤동주는 시인의 꿈을 가로막는 커다란 좌절을 맛본다. 일제의 탄압이 극심해지면서 한국어 강의가 모두 폐지된 것이다. 당시 일제는 내선일체와 황국신민화를 주창하며 조선어를 완전히 말살하려고 했다. 선교사가 세운 연희전문학교에서조차더 이상 우리말을 쓸 수 없게 한 것이다. 시인이 언어를 빼앗긴다는것은 곧 표현할 수단이 막힌다는 의미다. 당시 그의 마음을 표현한작품이 바로 대표작으로 꼽히는 「서시序詩」다.

죽는 날까지 하늘을 우러러
한 점 부끄럼이 없기를,
잎새에 이는 바람에도 나는 괴로워했다.
별을 노래하는 마음으로 모든 죽어 가는 것을 사랑해야지
그리고 나한테 주어진 길을
걸어가야겠다.

오늘 밤에도 별이 바람에 스치운다.

이상과 현실의 괴리로 고뇌하면서도 그는 '죽어 가는' 조선어를 살리는 시를 쓰겠다는 결심을 굽히지 않는다. 그는 우리말로 쓴 시집을만들기로 결심했고, 그렇게 탄생한 작품이 바로 『하늘과 바람과 별과 시』다. 조선어 책이 불온서적으로 간주되던 상황에서 이는 위험한 도전이었고 결국 시집 발간은 좌절된다. 이때 그는 미리 만들어둔시집 세 권 중 한 권은 자신이 소장하고 나머지 두 권은 이양하 교수와 후배 정병욱에게 각각 한 권씩 선물했는데, 이것이 훗날 그의 유

일한 유산이 된다.

　1941년 연희전문학교를 졸업한 윤동주는 일본 유학을 결심한다. 조선에는 문학을 공부할 공간도 방법도 남아 있지 않았으므로 달리 길이 없었다. 일본으로 가기 위해서는 일본식 이름으로 개명을 해야 했는데, 그는 고뇌하다 출국 직전에야 개명 서류를 제출했다. 그리고 「참회록」이라는 시로 나라를 잃은 백성의 비통함과 반성에 대해 쓴다. 그는 복잡한 심경으로 도쿄의 릿쿄대학에 입학했다. 그러나 제국주의의 광기에 휩싸인 일본에서의 대학생활은 그가 그리던 삶이 아니었다. 전시체제라는 이유로 입학하자마자 단발령이 내려져 강제로 머리를 깎아야 했고, 무기를 소지한 채 교련 수업을 받아야 했다. 억압적인 분위기를 견디지 못한 그는 결국 도쿄를 떠나 교토 도시샤대학 영문과로 편입한다.

　교토는 도쿄보다는 사상적으로 자유로웠고 절친인 송몽규도 교토제국대학에 재학 중이라 위안을 찾을 수 있었다. 그러나 그 결정이 그의 삶을 앗아가고 만다. 1943년, 윤동주는 '재교토 조선인 학생 민족주의 그룹사건'에 연루되어 일본 경찰에 체포된다. 송몽규는 이미 일본 경찰에게 불령선인(식민 통치에 반대하는 불온한 조선인)이라는 낙인이 찍힌 상태였고, 윤동주 역시 그와 어울리며 감시를 받고 테러 집단으로 몰린다. 조선어로 시를 쓴 죄, 조선 문화의 향상에 힘썼다는 죄로 그는 2년 형을 선고받는다. 약 1년 7개월 동안의 수감생활로 건강이 나빠진 윤동주는 1945년 2월 16일 후쿠오카 형무소에서 요절한다. 그의 나이 27세, 그토록 그리던 한반도의 광복을 불과 반년 앞둔 시점이었다.

시인의 생명은 끝났어도 그의 정신과 유산은 다른 형태로 반복된다. 윤동주가 사망한 지 3년 뒤인 1948년, 그의 시집이 한국에서 발간되었다. 그가 후배에게 선물했던 육필 원고가 뒤늦게 세상에 공개된 것이다. 정병욱은 일제강점기 말 학도병으로 끌려가면서 전남 광양에 있던 어머니에게 윤동주의 원고를 맡겼다. 윤동주의 시는 훗날 일본 교과서에도 소개된다. 일본 문단의 거장 이바라기 노리코가 '한글로의 여행'이라는 수필에 윤동주를 소개하기도 했다. 지금도 도시샤대학에는 윤동주 추모비가 있고, 많은 일본인이 찾아가 윤동주를 추모한다고 한다.

시인의 생애를 이렇게 나열한 이유는 그의 생애 자체가 일본에 저항한 한 편의 시이자, 「길」이 쓰인 당시의 시대적 배경이기 때문이다. 「길」은 조선어가 금지된 1940년에 쓰였다. 따라서 첫째로 "담 저쪽에" 남아 있는 나를 조선인, 조선어라고 해석할 수 있다. 닿을 수 없는 담 저편의 나 때문에 나는 풀 한 포기 없는 조국 잃은 길을 때로는 눈물지으며, 때로는 그런 나를 부끄러워하며 계속 걷는다. 그가 "모든 죽어 가는 것을 사랑"하겠다고 말한 것은 시인의 생명인 조선어를 말살하려는 일본에 저항하겠다는 뜻을 암시적으로 표현한 것이었다. 이바라기 노리코는 윤동주가 반년만 더 살았더라면 조선 문단에 큰 영향을 미칠 사람이 되었을 거라고 말한 적이 있다. 이제 「길」을 다르게 읽어 영원히 귀환하는 윤동주의 새로운 언어를 증명해보자.

프로이트의 「과학적 심리학 초고」와
라캉의 욕망

윤동주의 「길」은 정신분석으로 읽기 좋은 텍스트다. 이 시에서 가장 먼저 밟히는 구절은 "담 저쪽에 내가 남아 있는 까닭"이다. 굳게 닫힌 문 때문에 들어갈 수 없어 돌담길을 돌고 도는 나는 막연히 무언가를 잃었다는 느낌을 받고 그것을 찾기 위해 삶을 이어간다.

풀 한 포기 없는 이 길을 걷는 것은
담 저쪽에 내가 남아 있는 까닭이고
내가 사는 것은, 다만,
잃은 것을 찾는 까닭입니다.

이 시는 의식에 들어온 무의식을 이야기하는 시다. 담 저쪽에 두고 온 나는 의식의 진화로 멀리 떠나온 동물성, 그러면서도 인간이기에 되돌아갈 수 없는 충동Drives, 아니 다른 방식으로 귀환하는 유아기 성, 혹은 무의식이다. 우선 프로이트가 「과학적 심리학의 초고」에서 밝힌 뉴런의 이론을 살펴보자.

프로이트의 혁명성은 그때까지 믿었던 의식의 투명성에 의문을 제기하고 인간이 세상의 중심이라는 오만에 찬물을 끼얹었었다는 데 있다. 그는 심리를 예술에서 자연과학의 영역으로 끌어내고 그 자연과학조차 투명하지 않다고 주장한다. 인간이 동물에서 진화하면서 두고 온, 되돌아갈 수 없는 영역이 여전히 의식의 일부로 존재한다는 것이다. 몸의 현상으로만 보았던 꿈을 '무의식으로 가는 왕도'로 이용하고, 성은 사춘기로부터 시작한다는 가설과 달리 유아기 성을 주장했다. 그러나 이 모든 업적 가운데 가장 중요한 것은 살아서는 출판하지 않았던 「과학적 심리학 초고」다. 그의 전 사상과 분석의 바탕이 되는 이 논문은 뇌과학자로 출발했던 그의 사상을 담고 있었으며 1950년 발굴되어 21세기 뇌과학의 근원으로 인정받았다.

뇌과학자 에릭 캔델은 이 논문이 복잡해 접근하기 어렵다고 평가한 적이 있다. 프로이트는 독일의 해부학자 빌헬름 폰 발다이어하르츠가 신경조직의 최종 단위로 뉴런을 소개했던 것에 주목했고 그에 동의했다. 「과학적 심리학 초고」의 핵심 내용은 두 종류 뉴런의 차이다. 외부의 자극, 즉 양Quantity이 통과하는 뉴런이 있고 몸의 내부와 연결되어 통과할 수 없는 뉴런이 있다. 통과 불가 뉴런은 저항하고 숨기는 무의식이다. 이 두 가지 뉴런에 접촉하는 자극은 양에 속한다. 이 물질성이 의식으로 걸러지기 전까지 우리는 자극의 정체를 알지 못한다. 양을 질Quality로 바꾸어야만 무엇인지 느낄 수 있다. 에덜먼과 다마지오가 의식을 통과해 나타나는 '질'을 퀄리아 Qualia라고 부른 이유다. 이때 양을 질로 바꾸는 세 번째 뉴런이 '의식Consciousness'이라는 지각 뉴런(ω)이다.

통과 가능 뉴런과 통과 불가 뉴런이 함께 작동할 때 지각이 일어나고 이것을 의식이라 부른다. 중요한 것은 반복과 기억을 일으키는 동인이 주로 통과 불가 뉴런에 있다는 점이다. 무의식은 반복으로 자신을 드러내기 때문이다. 이 부분 못지않게 중요한 부분은, 우리는 지각 뉴런에 의해 자극을 감지하는데 여기에 기억Memory을 위한 장소는 없다는 구절이다.[1] 쉽게 말해 의식은 경험을 저장하지 않는 다는 것이다. 경험을 수용하는 뉴런과 경험을 저장하는 뉴런은 다르다는 사실을 프로이트는 빌헬름 플리스에게 보낸 편지에서 강조한다.

W는 지각이 일어나는 뉴런이고 의식에 해당되는 뉴런으로 그 자체는 경험의 흔적들을 지니고 있지 않습니다. 의식과 기억은 상호 배타적이기 때문이죠.[2]

아주 짧지만, 프로이트의 사상 전체를 담고 있다고 해도 과언이 아닌 문장이다. 의식과 기억이 상호 배타적이라는 표현은 그가 최면 술에서 자유연상으로 돌아선 이유이기도 하고 오늘날 밝혀진 뇌의 구조이기도 하다.

의식은 시간을 따라가면서 부딪히는 현실에 즉각 대응해야 한다. 그러므로 경험을 무한히 수용하기 위해 저장은 다른 뉴런에 맡기고 자신을 비운다. 대신에 통과 가능 뉴런이나 통과 불가 뉴런이 저장을 맡는다. 앞엣것은 전의식이고 뒤엣것은 무의식이다. 세 가지 뉴런

---

1   Sigmund Freud. "Project for a Scientific Psychology." The *Standard Edition of the Complete Psychological Works of Sigmund Freud*. Edited and translated by James Strachey. London: the Hogarth Press, Vol. 1, 281–397. 309쪽.

2   플리스에게 보낸 편지는 *The Complete Letters of Sigmund Freud to Wilhelm Fliess 1887–1904*. Edited and translated by Jeffrey M. Masson. Mass, Cambridge: Harvard University Press, 1985, 207–208쪽.

은 1925년에 이르러 좀더 쉽고 깔끔하게 정리되는데 그 글이 바로 「신비한 글쓰기 패드에 관한 노트」다. 의식이 시간의 흐름을 따라가며 무한히 자극을 수용할 수 있는 것은 다른 뉴런들이 저장을 맡아주기 때문이다. 오직 인간만이 회상이라는 기억을 가질 수 있는 것은 이렇듯 상호 배타적인 뉴런 덕분이다.

세 뉴런은 후에 전의식과 의식, 무의식 혹은 슈퍼에고와 에고, 이드로 반복되면서 프로이트의 사상 전체를 지배한다. 의식의 진화에 따른 중요한 현상들도 함께 나온다. 나와 타인을 구별하는 자의식, 인지와 판단의 주관성, 상호 주체성, 그리고 가장 중요한 정신적 시간 여행까지. 회상은 시간에 대한 인지를 의미하며 이는 현재 시점에서 이루어진다. 프로이트가 최면술을 버리고 자유연상법을 활용한 근거다. 억압된 무의식은 어딘가에 깊숙이 묻혀 있는 게 아니라 환자와 분석자 사이의 대화 속에 이미 올라와 있다는 것이다. 우리는 과거를 현재 입장에서 떠올리고 미래도 현재 입장에서 상상한다. 그러므로 병인은 환자의 과거를 들을 때 환자와 분석자 사이에 오가는 전이와 역전이를 통한 현재의 산물이다.

1950년대 라캉은 이 기억의 원리를 바탕으로 무의식을 재해석한다. 프로이트의 정신분석에서 분석자는 꿈 이야기를 들으며 현재 나누는 대화 속에 억압된 것이 무엇인지 찾는다. 그 방식이 압축과 전치라는 언어의 두 가지 속성이었다. 압축은 은유이며 전치는 환유이고 이것은 소쉬르가 제시한 언어의 두 속성이었다. 라캉은 언어를 기표와 기의로 보고 하나의 기표에 무수한 기의가 연속되는 원리에서 환유를 강조한다. 무의식은 언어처럼 구조화되어 있고, 욕망은 환유다. 프로이트의 현실원칙을 상징계로 부르며 라캉은 문명이 언어로부터 시작한다는 사실을 강조했다.

프로이트는 생물학적인 관점을 유지하면서 페니스의 유무로 남녀의 성을 구분했는데, 이것은 여성이 남성보다 열등하다는 인식을 심어 20세기 후반에 여성운동가들의 비판을 받는다. 라캉은 페니스를 남근Phallus으로 대치해 남녀 모두 가질 수 없는 환상의 대상으로 바꾸었다. 남근은 초월 기표로서 살아서는 닿을 수 없는 대타자이고 주체는 거세되었다. 초월 기표는 문명의 시작이며 프로이트가 말한 죽은 아버지에 해당된다. 프로이트의 『토템과 터부』에는 원시시대 아들들이 쾌락을 독점하는 아버지를 죽이고 아들들 사이에서 권력 다툼이 일어나자 토템이라는 동물의 상을 세워 아버지의 권력을 부여했다는 이야기가 나온다. 토템은 그 자체로는 텅 빈 해골이지만 살아 있던 아버지보다 더 강한 권력을 갖는다. 이것이 아버지의 법이고 문명의 시작이었다. 라캉은 아버지의 법을 '아버지의 이름the Name of Father'이라고 부른다. 바로 이것이 세 번째 고리로 욕망의 미끼를 낳는 실재계다. 주체를 살게 만드는 숭고한 대상은 잡으면 텅 비어 있기에 주체는 가고 또 간다. 이 길이 죽음을 미루며 가는 삶 충동이다.

진화 때문에 우리는 담 저편에 두고 온 나를 직접 만날 수 없다. 담은 쇠문으로 굳게 잠겨 긴 그림자만 드리울 뿐이다. 이 통과 불가 뉴런(ψ)은 의식이 통과 가능 뉴런과 접촉할 때 유일하게 닿을 수 있다. 물론 그 접촉조차 우리를 완벽하게 담 저편에 데려다주지는 못한다. 대신 길 위에 '긴 그림자'를 드리운다. 이것이 통과 불가 뉴런의 여분이며 잉여다. 잉여는 상징계 안에서 찬란히 빛나는 욕망의 미끼가 되어 우리를 가고 또 가게 만든다.

즐겁게 돌아가라. 지름길로 가면 곧장 죽음에 이른다. 잉어는 찬란한 욕망의 대상이지만 그것은 우리를 살게 하는 미끼이며, 본질은 죽음의 여분이다.

아침에서 저녁, 그리고 저녁에서 다시 아침으로 시간은 끊임없이 흐르고 시인은 돌담길을 따라간다. 밤과 낮은 반복되지만 새로운 날들이지 같은 날의 반복이 아니다. 길도 반복되지만 결코 어제와 같지 않다. '담 저쪽에 있는 나'는 늘 나를 새로운 길로 안내한다. 언젠가 시인은 잃은 것을 찾을 수 있을까? 윤동주는 살아서는 조선어를 되찾지 못했다. 그는 죽은 후에 다시 살아난다. 문학이라는 다른 모습으로. 그가 노래하듯, 길은 언제나 「새로운 길」이었다.

내를 건너서 숲으로
고개를 넘어서 마을로
어제도 가고 오늘도 갈
나의 길 새로운 길

의식이 계속 잃은 것을 찾으며 '새롭게 반복하여' 걷는 것은 억압된 무의식이 있기 때문이다. 프로이트의 「과학적 심리학 초고」가 귀환하는 모습도 이와 다르지 않다. 한 시대의 패러다임으로 재해석되어 다르게 반복된다. 저 너머 돌담에 갇힌 무의식은 잘은 모르지만 '잃어버린 어떤 것'으로 인지되어 시인을 살게 하는 동력이 된다. 무의식을 인정할 때 의식은 욕망의 주체가 되고 환유가 되며 서사적 기억을 낳는다.

무의식이 의식과 공존하며 소통할 때에만 다르게 반복할 수 있고 죽음을 미룰 수 있다. 의식이 막강한 무의식의 존재를 인정하면서 균형을 취해야 아름답고 의미 깊은 시가 탄생할 수 있고 다양하게 읽힐 수 있다. 일제강점기 윤동주의 고뇌와 노력은 잃어버린 언어를 되찾으려는 길이었고, 동시에 막혀버린 무의식을 되찾으려는 이룰 수 없는 꿈이었다.

「자화상」이라는 시에서 시인은 외딴 우물에 비친 한 사내를 바라본다. 그러고는 그가 밉다며 돌아서는데, 생각하면 가엾다며 다시 돌아가 가만히 들여다본다. 달과 구름, 파란 하늘이 있는 그 우물에는 한 사나이가 여전히 있다. 미워서 발길을 돌리든 가엾어 되돌아가든, 물에 비친 상은 자꾸만 같은 행동을 하게 한다. 우리 모두 닿을 수 없는 곳에서 자기 모습을 바라보며 자신을 미워하고 또 그리워하는 나르시시스트들은 아닐까. 타인과 어울려 살면서도 늘 자기 얼굴을 그리워하는 나르시시스트다. 우물 속에 비친 사내는 윤동주였고 프로이트였고 어쩌면 나인지도 모른다.

맺음말

　행복을 느끼는 길은 다양합니다. 하나의 가치관에 따라 '줄 서기' 하지 마시고 세상을 다양하게 바라보세요. 언제나 주인은 나이고 세상은 내게 맞는 일들을 매일매일 준비하고 있답니다.

　타인을 향한 따뜻한 시선은 바로 나 자신을 향한 따뜻한 시선에서 나옵니다.

감사의 글

    나는 삶을 엮어온 것일까. 아니면 삶에 엮여왔던 것일까. 교수가 내어준 백 개의 질문을 곁에 놓고 읽었던 허먼 멜빌의 소설 『백경』에는 삶이 운명의 씨줄과 자유의지의 날줄로 엮인다는 구절이 있다. 천을 튼튼히 짜려면 씨줄과 날줄이 엮여야 한다. 아마 우리 삶도 튼튼해지려면 주어진 조건의 씨줄 위에 의지의 날줄이 엮여야 하는가보다.

    기대 없이 출판사에 넘긴 번역 원고였던 라캉의 『욕망이론』은 이런 글을 독자가 읽을까 의아해하던 편집부의 의견을 뒤로한 채 화제가 되었다. 그 이후 나는 사명이라도 받은 듯이 라캉의 이론과 저술에 몰입했다. 그리고 그를 이해하기 위해서는 프로이트가 필수라는 것을 깨달아 프로이트 전집을 읽고 가르쳤다. 독자가 선택한 씨줄에 나의 의지가 날줄이 되어 정신분석이라는 천을 짠 셈이다.

2000년이 되자 대학 내 학문의 기류가 달라졌다. 국제 학회에 참여하고 외국 저널에 글을 게재하라는 권유를 받았다. 나는 그동안 깊이 연구해온 라캉과 도道 사상, 라캉과 조이스 등 라캉에 관한 논문을 실을 만한 미국의 저널에 자신만만하게 투고했다. 그러나 반년씩 기다려서 받은 대답은 두 심사자 가운데 한 사람이 거부하는 식으로 아슬아슬하게 낙방이었다. 재투고를 하라고 하여 수정해 보냈으나 전혀 다른 심사자들에게 가서 또 떨어지는 일도 있었다. 그래도 열심히 투고하고 책도 썼던 긴 세월 동안 내가 깨달은 것은 미국 학자들이 라캉을 어려워하고 개인마다 의견 차이가 크다는 사실이었다. 거기에 동양 사상, 인도 사상을 들이대거나 조이스를 연결했으니 초년병이었던 나는 무얼 몰라도 한참 몰랐던 셈이다.

거의 10년을 헤매다가 우울증이 오고 나서 프로이트에게로 돌아섰다. 그리고 2010년부터 『아메리칸 이마고』를 비롯한 큰 저널들에 논문을 게재했다. 운명의 여신은 다시 한번 나에게 돌아가기를 원했다. 2017년 미국의 출판사에서 'Dialog-on-Freud' 시리즈의 편집자가 이메일을 보냈다. 『아메리칸 이마고』에 실린 내 논문을 책으로 발전시켜보면 어떻겠냐는 제의였다. '다시는 영어로 글 안 쓸 거야'라는 다짐을 위로 삼아 글을 썼고 2017년 책이 나왔다(*Nabokov's Mimicry of Freud: Art as Science*). 국내에서 아무도 알아주지 않고 읽어주지 않아서 외롭고 허무했다. 2021년 같은 출판사의 편집자가 심리학 저술서에 대해 문의해 왔다. 제안서를 보내고 심사를 통과하여 2년간 매일 썼고 6개월간 전문 학자의 심사를 거쳐 2024년 5월에 책이 나왔다(*Psychology in the Fiction of Henry James*). 한 번 지독한 허무와 외로움을 겪었던 나는 이번에는 옷깃을 단단히 여몄기에 외로움과 허무감이 슬며시 비껴갔다.

대신 운명은 내게 선물을 주었다. 그동안 공부해온 프로이트, 뇌과학, 라캉, 인문학을 접목하여 정신건강을 이해해보는 책이다. 포근하고 다정한 우리말로 글을 쓴다니! 낯선 자갈밭에서 방황하다가 고국에 온 느낌이랄까. 운명에 감사드리고 내 자유의지에 감사한다.

그동안 도와주신 분들이 참 많지만 나를 우울증에서 구해준 랠프 코언, 피터 루드니츠키, 앤드루 홀러첵, 그리고 컬럼비아 대학의 에릭 캔델 교수께 감사한다. 『백경』에 대한 백 개의 질문지를 만드셨던 그 옛날의 찰스 민영과 로버트 버그스트롬 교수님께도 이 책을 바칩니다. 내 삶의 씨줄과 날줄에 보탬을 주신 글항아리 출판사 분들께 감사드립니다. 강성민 대표님, 이은혜 편집장님, 그리고 원고를 세심히 읽어준 태서현 편집자님, 감사합니다. 우리는 오직 책방에 있을 때만 외롭지 않습니다. 이 어려운 시기에 서점을 찾는 독자들께 깊이 감사드립니다.

부디 독서가 우리 마음속에서 적대감을 몰아내고 공감과 관용이 자리 잡게 하소서.

저물어가는 2024년, 12월 10일

참고문헌

Aristotle. "Poetics." *Critical Theory Since Plato*. Ed. Harzard Adams. New York: H,B. Jovanovich Inc., 1971, pp. 47-178.

Bergson, Henri. *Matter and Memory*. Trans. Nancy Margaret Paul and W. Scott Palmer. New York: Dover Publisher, 1910, 2004.

Berlin, Heather A. "The neural Basis of the Dynamic Unconscious." *Neuropsychoanalysis* 13,1(2011): 63-71.

Bernstein W. M. *A Basic Theory of Neuropsychoanalysis*. London: Karnac Books, 2011.

Buzsaki, Gyorgy & David Tingley. "Space and Time: The Hippocampus as a Sequence Generator." *Trends in Cognitive Sciences* 22,10(2018): 853-869.

Carroll, Joseph. *Reading Human Nature: Literary Darwinism in Theory and Practice*. Albany: SUNY Press, 2011.

Coplan, Amy and Peter Goldie eds. *Empathy: Philosophical and Psychological Perspectives*. Oxford: Oxford University Press, 2011, 2014. Xll.

Damasio, Antonio R. *The Feeling of What Happens: Body and Emotion in the Making of Consciousness*. First Harvest Edition, 1999.

──────. "A Second Chance for Emotion." *Cognitive Neuroscience of Emotion*. Eds. R.D. Lane, Richard D. Lane, & Lynn Nadel. Oxford: Oxford University Press, 2000, pp. 12-23.

──────. *Looking for Spinoza: Joy, Sorrow, and the Feeling Brain*. Harcourt: A Harvest Book, 2003.

―――. *Descartes's Error: Emotion, Reason, and the Human Brain*. New York: Penguin Books, 2005.

―――. *Self Comes to Mind: Constructing the Conscious Brain*. New York: Pantheon Books, 2010.

―――. *The Strange Order of Things.* New York: Pantheon Books, 2018.

Derrida, Jacques. "Freud and the Scene of Writing," *Writing and Difference*. Trans. Alan Bass. Chicago: University of Chicago Press, 1978. 196–231.

de Waal, Frans. *The Age of Empathy: Nature's Lessons for a Kinder Society*. New York: Three Rivers Press, 2009.

Dissanayake, Ellen. *What is Art for?* Seattle: University of Washington Press, 1988.

Edelman, Gerald. M. *Wider than the Sky: the Phenomenal Gift of Consciousness*. New Haven: Yale University Press, 2004.

Egginton, William. "Affective Disorder." *Diacritics* 40,4 (2012): 25–43.

Fitzgerald, F. Scott. (1925). *The Great Gatsby*. Oxford World's Classics. Oxford: Oxford University Press, 2008.

―――. (1934). *Tender is the Night*. New York: Charles Scribner's Sons, 1962.

Freud, Sigmund. *Autobiography*. Trans. James Strachey. New York: Norton, 1935.

―――. "Project for a Scientific Psychology." *The Standard Edition of the Complete Psychological Works of Sigmund Freud*. Ed. & Trans. James Strachey. London: Hogarth Press, Vol. 1(1895), 281–397.

―――. "Three Essays on the Theory of Sexuality." *Standard Edition*, 7(1905): 123–243.

―――. "Delusions and Dreams in Jensen's *Gradiva*." *Standard Edition*. 9(1907): 7–95.

―――. "Totem and Taboo." *Standard Edition*. 13(1913): 1–161.

―――. "On Narcissism: An Introduction." *Standard Edition* 14(1914): 67–104.

―――. "Mourning and Melancholia." *Standard Edition* 14(1917): 237–258.

————. "The Uncanny." 17(1919): 217-252.

————. "From the History of an Infantile Neurosis." *Standard Edition* 17(1918/1914): 1-124.

————. "Beyond the Pleasure Principle." *Standard Edition* 18(1920): 1-63.

————. "Group Psychology and the Analysis of the Ego." *Standard Edition* 18(1921): 67-143.

————. "The Ego and the Id." Standard Edition 19(1923): 1-59.

————. "A Notes upon the "Mystic Writing-Pad." *Standard Edition* 19(1925): 227-234.

————. "Inhibitions, Symptoms, and Anxiety." *Standard Edition* 20(1926): 75-176.

————. Civilization and Its Discontents. *Standard Edition* 21(1930): 57-145.

————. *The Complete Letters of Sigmund Freud to Wilhelm Fliess 1887-1904.* Trans. & Ed. J. M. Masson. Mass, Cambridge: Harvard University Press, 1985.

Gallese, Vittorio. "The Root of Empathy." *Psychopathology* 36(2003): 171-180.

Ginot, Efrat. "Self-Narratives and Dysregulated Affective States." *American Psychological Association* 29.1(2012): 59-80.

Goldie, Peter. "Anti-Empathy." In *Empathy: Philosophical and Psychological Perspectives.* Eds. Amy Coplan and Peter Goldie. Oxford: Oxford University Press, 2011, 2014, 302-317.

Hegel, Fredrick G. W. *Phenomenology of Spirit.* Trans. A.V. Miller. Oxford: Oxford University Press, (1807), 1977.

Heidegger, Martin. "The Thing." *Poetry, Language, Thought.* Trans. Albert Hofstadter. New York: Perennial Classics, 2001, 163-180.

James, William. *The Principles of Psychology Vol. 1 & 2.* Digireads. com Publishing 2010. 원래 1890년 Dover Publisher에서 출간되었음.

————. "What is an Emotion?" *Mind* 9.34(April 1884): 188-205.

Jamison, Kay R. *An Unquiet Mind: A Memoir of Moods and Madness.* New York:

Vintage, 1996.

Kandel, Eric A. *The Age of Insight.* New York: Random House, 2012.

———. "Two Modernist Approach to Linking Art and Science." *American Imago* 70.3(2013): 315-340.

Kant, Immanuel. "First Section: Analytic of Aesthetic Judgement." The Critique of Judgement. In *Continental Aesthetics,* Ed. Richard Kearney and David Rasmussen. Mass: Blackwell Publishers, 2001, 5-24.

———. "Second Book: Analytic of the Sublime." In *Continental Aesthetics,* 2001. 25-42

Katz, Robert L. *Empathy: Its Nature and Uses.* London: The Free Publisher of Glencoe, 1963.

Kohut, Heinz. "On Empathy"(1981). *International Journal of Psychoanalytic Self Psychology* 5(2010): 122-131.

Kris, Ernst. *Psychoanalytic Explorations in Art.* Madison: International Universities Press, 1952, 2000.

Krznaric, Roman. *Empathy: Why it Matters, and How to Get it.* New York: A Perigee Book, 2014, 2015.

Kwon, Teckyoung. *Nabokov's Mimicry of Freud: Art as Science.* Larham, Maryland: Lexington Books, Rowman & Littlefield, 2017.

———. *Psychogy in the fiction of Henry James: Memory, Emotion, and Empathy.*

Lacan, Jacques. *The Ethics of Psychoanalysis 1959-1960: The Seminar of Jacques Lacan Book VII* Ed. J.A. Miller, Trans. Dennis Porter, 139-154. New York: Norton, 1992.

———. "Courtly Love as Anamorphosis." In *The Ethics of Psychoanalysis.* pp. 139-154.

Lavazza, Andrea. "Art as a Metaphor of the Mind: A Neo-Jamesian Aesthetics embracing Phenomenology, Neuroscience, and Evolution." Phenom Cogn Sci 8(2009): 159-182.

LeDoux, Joseph. *The Emotional Brain; the Mysterious Underpinnings of Emo-*

tional Life. New York: A Touchstone Book, 1996.

————. *Anxious: Using the Brain to Understand and Treat Fear and Anxiety.* New York: Penguin Books, 2016.

Mancia, Mauro. *Feeling the Words: Neuropsychoanalytic Understanding of Memory and the Unconscious.* Trans. Judy Baggott. New York: Routledge, 2007.

McGilchrist, Iain. *The Master and his Emissary : The Divided Brain and the Making of the Western World.* New Haven: The Yale University Press, 2010.

Metzinger, Thomas. *The Ego Tunnel: The Science of the Mind and the Myth of the Self.* New York: Basic Books, 2009.

Nietzsche, Friedrich. "The Birth of Tragedy." *Continental Aesthetics.* Eds. Richard Kearney & David Rasmussen. Mass: Blackwell Publishers, 2001, 143–156.

Nussbaum, Martha C. *Upheavals of Thought: The Intelligence of Emotions.* Cambridge: Cambridge University Press, 2001.

Oppenheim, Lois. *A Curious Intimacy.* Routledge, 2005.

Oatley, Keith & P.N. Johnson-Laird. "Cognitive Approaches to Emotions." *Trends in Cognitive Sciences* 18.3(2014): 134–140.

Panksepp, Jaak. *About a Body: Working with the Embodied Body.* New York: Routledge, 2006.

Panksepp, Jaak and Lucy Biven. *The Archelogy of Mind: Neuroevolutionary Origins of Human Emotions.* New York: Norton, 2012.

Patnaik, Dev. *Wired to Care: How Companies Prosper When They Creat Widespread.* Empathy, New Jersey: FT press, 2009.

Ratcliffe, Matthew, "The Phenomenology and Neurobiology of Moods and Emotions." Gallagher, Shaun & Daniel Schmicking eds. *Handbook of Phenomenology and Cognitive Science.* New York: Springer, 2010, 123–140.

Rizzolatti, Giacomo. & Craighero, Laila. "The Mirror-Neuron System." *Annu. Rev. Neuroscience* 27(2004)169–192.

Rudnytsky, Peter. *Readings Psychoanalysis: Freud, Rank, Ferenczi, Groddeck.* Ithaca: Cornell University Press, 2002.

Sacks, Oliver W. "Sigmund Freud: The Other Road." *Freud and Neurosciences: From Brain Research to the Unconscious.* Ed. Giselher Guttmann & Inge Scholz-Strasser. Vienna, 1998, pp. 11-22.

Schacter, Daniel L. *Searching for Memory: The Brain, the Mind, and the Past.* New York: Basic Books, 1996.

Schacter, Daniel L. Kenneth A. Norman, & Wilma Koutstaal. "The Cognitive Neuroscience of Constructive Memory." *Annu.Rev. Psychol* 49(1998): 289-318.

Solms, Mark. "Freud Returns." *Scientific American* 290.5(2004): 82-89.

———. "What is Neuro Psychoanalysis?" *Neuropsychoanalysis* 13.2(2011): 133-145.

Sophocles 1. Ed. and Trans. Hugh LLoyd-Jones. Cambridge: Harvard University Press, 1994, 1997.

Tuving Endel, Lars Nyberg, & Roberto Cabeza. "PET Studies of encording and retrieval: The HERA Model." *Psychonomic Bulletin & Review* 3.2(1996): 135-148.

Tulving, Endel, Wheeler, Mark A., & Donald T. Stuss. "Toward a Theory of Episodic Memory:The Frontal Lobes and Autonoetic Consciousness." *Psychological Bulletin* 121.3(1997): 331-354.

번역본, 한글 인용문헌

권택영, 『감정 연구』, 서울: 글항아리, 2021.

니콜라이 레스코프, 『왼손잡이』, 이상훈 옮김, 파주: 문학동네, 2010.

대니얼 J. 시겔, 『마음을 여는 기술』, 오혜경 옮김, 서울: 21세기북스, 2011. Siegel, Daniel J. *Mindsight: The New Science of Personal Transformation.* New York: Bantam Dell Books, 2010.

데브 팻나이크, 『호모 엠파티쿠스: 공감하는 인간』, 주철범 옮김, 서울: 이상미디어, 2016. Patnaik, Dev. *Wired to Care.* New York: Person Education Inc., 2009.

리사 펠드먼 배럿, 『감정은 어떻게 만들어지는가?』, 최호영 옮김. 서울: 생각연구소. 2017. Lisa Feldman Barrett. *How Emotions are Made.* New York: Mariner Books, 2017.

미셸 피크말, 『난 왼손잡이야. 그게 어때서?』, 양진희 옮김, 파주: 톡, 2015.

사이먼 배런코언, 『공감 제로』, 홍승효 옮김, 서울: 사이언스북스, 2013. Simon, Baron-Cohen. *Zero Degree of Empathy.* New York: Penguin Books, 2011.

샤론 베글리, 『달라이 라마, 마음이 뇌에게 묻다』, 이성동·김종옥 옮김. 서울: 북섬, 2008. Sharon Begley. *Train Your Mind, Change Your Brain.* Random House. 2007.

세미르 제키, 『이너비전-뇌로 보는 그림, 뇌로 그리는 미술』, 제이슨 박 옮김, 서울: 시공사, 2003. Zeki, Semir. *Inner Vision: An Exploration of Art and Brain.* Oxford: Oxford University Press, 1999.

에릭 R. 캔델, 『기억을 찾아서』, 전대호 옮김, 서울: 랜덤하우스, 2009. Kandel, Eric R. *In Search of Memory.* New York: Norton, 2006.

——. 『마음의 오류들』, 이한음 옮김, 서울: RHK, 2020. Kandel, Eric. *The Disordered*

Mind. John Wiley & Sons, Inc. 2018.

이언 맥길크리스트, 『주인과 심부름꾼』, 김병화 옮김, 서울: 뮤진트리, 2011. McGil-christ, Iain. *The Master and his Emissary: The Divided Brain and the Making of the Western World*. New Haven: Yale University Press, 2010.

제럴드 에덜먼, 『세컨드 네이처』, 김창대 옮김, 서울: 이음, 2017. Edelman, Gerald. M. *Second Nature: Brain Science and Human Knowledge*. New Haven: Yale University Press, 2006.

토머스 머튼, 『토머스 머튼의 장자의 도』, 권택영 옮김, 서울: 은행나무, 2004.

문학작품

윤동주, 『하늘과 바람과 별과 시』, 서울: 더클래식, 2021.

제임스 조이스, 『피네건의 경야*Finnegans Wake*』, 1939.

주요섭, 「사랑 손님과 어머니」, 1935.

하기와라 시게루, 「일본 고등학교에서의 윤동주 교육: 이바라키 노리코의 수필, 『하늘과 바람과 별과 시』 읽기」, 심원섭 옮김, 『비교한국학』 26.2(2018): 641.

헨리 제임스, 『나사의 회전*The Turn of the Screw*』, 1898.

E. T. A. 호프만, 「모래 사나이*The Sand-Man*」, 1816.

영화

「글래디에이터」(2000), 리들리 스콧 감독, 러셀 크로 주연

「남태평양」(1958), 조슈아 로건 감독, 미치 게이너, 로사노 브라치, 존 커 주연

「내일의 기억」(2006), 츠츠미 유키히코 감독, 와타나베 켄, 히구치 가나코 주연

「배트맨 비긴스」(2005), 크리스토퍼 놀런 감독, 크리스천 베일, 마이클 케인, 리암 니슨 주연

「뷰티플 마인드」(2001), 론 하워드 감독, 러셀 크로, 제니퍼 코넬리 주연

「브로크백 마운틴」(2005), 이안 감독, 제이크 질런홀, 히스 레저 주연

「셰인」(1953), 조지 스티븐스 감독, 앨런 래드, 진 아서, 반 헤플린 주연

「오케이 목장의 결투」(1957), 존 스터지스 감독, 버트 랭커스터, 커크 더글러스 주연

「자유부인」(1956), 한형모 감독, 김정림, 박암 주연

찾아보기

균형 잡힌 뇌

초판인쇄 2024년 12월 30일
초판발행 2025년 1월 8일

지은이 권택영
펴낸이 강성민
편집장 이은혜
편집 태서현
마케팅 정민호 박치우 한민아 이민경 박진희 정유선 황승현
브랜딩 함유지 함근아 고보미 박민재 김희숙 박다솔 조다현 정승민 배진성
제작 강신은 김동욱 이순호

펴낸곳 (주)글항아리 | 출판등록 2009년 1월 19일 제406-2009-000002호

주소 경기도 파주시 심학산로10 3층
전자우편 bookpot@hanmail.net
전화번호 031-955-8869(마케팅) 031-941-5161(편집부)

ISBN 979-11-6909-341-5 03180

www.geulhangari.com